ulmer

Petra Rehm-Hug | Marina Westermann

HALTBARE KRÄUTER-PRODUKTE

100 Rezepte für Direktvermarkter
von Kräutersalz bis Kosmetik

Königskerzen-
blütenzucker

Das steckt im Buch

Wildkräutersalz

Liebe Leserinnen und Leser,

ich erinnere mich noch gut an den Ausspruch einer befreundeten Ärztin: „Es ist doch kein Wunder, dass Kräuter eine heilende Wirkung haben. Bis ich sie selbst gesammelt, liebevoll getrocknet und sorgsam in einer Dose verwahrt habe, bin ich doch durchs Tun schon fast wieder gesund geworden!" Auch wenn ich dies aus rechtlichen Gründen niemandem versprechen darf – es haben wohl schon etliche Menschen die heilsame Wirkung der Beschäftigung mit Wildpflanzen erfahren.
Das Interesse der Bevölkerung an Kräuterprodukten steigt – das beobachten die beiden Autorinnen dieses Buches schon seit vielen Jahren. Über Petra Rehm-Hug und ihre Produktserie „wild & regional" habe ich vor einiger Zeit eine Reportage geschrieben und war beeindruckt von dem abgelegenen Hof, auf dem sie lebt und wie sie dort über dem uralten Holzherd Mispelchutney und Sirup aus Mädesüß und Waldmeister herstellt.
Marina Westermann lässt ihre Liebe zu den Wildpflanzen in ihren Beruf als Kosmetikerin einfließen, stellt verschiedene Knospen-Elixiere, Körperöle und Peelings her, um ihre Kunden damit zu verwöhnen.
100 ihrer besten, beliebtesten, schmackhaftesten und bewährtesten Rezepte verraten die beiden „Kräuterhexen" in diesem Buch, zum Nachahmen und als Inspiration zum kreativen Weiterentwickeln.
Wer als Direktvermarkter beginnt, Wildpflanzen zu verarbeiten und die fertigen Produkte seinen Kunden feil zu bieten, begibt sich in ein Spannungsfeld. Das genüssliche, fast meditative Sammeln von Waldmeister, Quendel oder Mädesüß wird zum Broterwerb und die Frage drängt sich auf: Sind die Kunden bereit, für diese außergewöhnliche Arbeitsweise einen angemessenen Preis zu bezahlen?
Es ist stets nur ein Teil der Wertschöpfung, der in Form verkaufter Pestogläser oder Kräutertee-Tütchen zu Ihnen als Erzeuger zurückfließt. Ebenso wichtig scheint mir, sich den Wert des Tuns an sich immer wieder neu bewusst zu machen. Jeder, der in liebevoller Handarbeit Produkte zum Verkauf herstellt, muss seinen ganz persönlichen Stil finden, in dem die Freude am Tun genauso ihren Platz behält wie die Klarheit über Entstehungskosten und angemessene Verkaufspreise.
Mein ganz persönlicher Tipp lautet: Sehen Sie die Zeit, in der Sie sich mit Wildpflanzen beschäftigen, zuallererst als Ihre persönliche Regenerations- und Heilungszeit; arbeiten Sie in einem Tempo, das Ihrer Seele guttut! Die so entstandenen Produkte taugen vielleicht nicht als neuer Haupt-Umsatzträger – aber ganz gewiss bereichern sie Ihren eigenen Alltag und sind im Hofladen neue Hingucker und ganz besondere Kostbarkeiten!
In diesem Sinne wünsche ich Ihnen viel Freude beim Schmökern in diesem wunderbaren Buch, beim Sammeln, beim Ausprobieren und Weiterentwickeln der hier gesammelten Rezeptvorschläge!

Katja Brudermann,
Dipl. agr. Ing. & freie Journalistin

Wichtig zu wissen

Das heutige Angebot an Nahrungsmitteln ist riesengroß. In der Vergangenheit gab es dagegen auch Zeiten, wo Lebensmittel knapp waren. Aus der Not heraus wurden aus Wildpflanzen, Wildfrüchten und anderen Schätzen aus der Natur Speisen „gezaubert", die nicht nur satt machten, sondern auch gesund waren.
Frische Wildkräuter finden wir derzeit manchmal auf einem Wochenmarkt oder beim Biobauern. Das Wissen, welche essbaren Pflanzen und heilsamen Kräuter die Natur uns bietet, ist leider weitgehend verlorengegangen. Doch es gibt einen Hoffnungsschimmer: Das Interesse an diesen Kenntnissen wächst wieder. Kräuterbücher finden ihre Abnehmer, Kräuterführungen und andere Kräuterveranstaltungen ihre Interessenten. Was spricht also dagegen, sich wieder zurückzubesinnen und die starken Kräfte und Inhaltsstoffe von leicht aufzuspürenden oder auch anzubauenden Wildkräutern nicht nur für sich selbst zu nutzen, sondern auch dazu, um anderen Menschen ein interessantes Angebot zu machen?
Vermieten Sie Ferienwohnungen und möchten Sie Ihren Feriengästen etwas Besonderes bieten? Betreiben Sie einen Hofladen? Haben Sie einen Verkaufsstand auf Märkten und möchten Sie dafür Ihre Produktpalette um Kräuterspezialitäten erweitern? Dann hilft Ihnen dieses Buch sicher weiter. Wir möchten Sie bei der Suche nach neuen und besonderen Kräuterprodukten für Ihre Kundschaft unterstützen.

Wichtig ist uns, dass Zutaten verwendet werden, die in Ihrer Region wachsen. Sicher haben Sie keine Salzsaline vor der Haustür. Auch einen eigenen Zitronenbaum besitzen die wenigsten. Aber Sie können selbst entscheiden, ob Sie Rapsöl aus der Region verwenden oder das Olivenöl aus mediterranen Ländern. Sie sind dafür verantwortlich, ob Sie die heimischen Brennereien unterstützen und dort Ihren Alkohol kaufen oder den russischen Wodka im Supermarkt.
Unsere Rezepte sind als Anregung gedacht. Sie haben nicht genau dieselben Kräuter im Garten oder in der Umgebung? Dann probieren Sie andere!
Und nun wünschen wir viel Spaß bei der Entdeckungsreise durch unsere Rezeptsammlung.

MENGENANGABEN

Bei den Mengenangaben verwenden wir wenn möglich das einfache Maß 1 Kilogramm bzw. 1 Liter. Das hat gute Gründe: Finden Sie nicht genau die im Rezept angegebene Menge Kräuter, können Sie problemlos umrechnen. Wenn Sie größere Mengen produzieren möchten, sind unsere Mengenangaben sehr einfach zu vervielfachen.
Bei eingelegten Knospen haben wir als Basismenge 500 Gramm gewählt. Knospen bzw. die Samen, die daraus entstehen, sorgen dafür, dass im folgenden Jahr der Bestand erhalten bleibt. Deshalb sollten Sie nicht in großen Mengen sammeln. Aber auch „nur" 500 Gramm Knospen zu sammeln, ist schon eine Herausforderung.

LEBENSMITTELRECHT

Grundsätzlich wird von Lebensmittel gesprochen, wenn das Produkt der Ernährung oder dem Genuss dient. Es gibt mehrere hundert lebensmittelrechtlich relevante Vorschriften, die Produktion, Hygiene, Etikettierung usw. betreffen. Bevor Sie zur Tat schreiten: Informieren Sie sich genau über die notwendigen Vorschriften. Sehr hilfreich ist dabei die frühzeitige Zusammenarbeit mit der Lebensmittelüberwachung. Die Behörden sind erfahrungsgemäß gerne behilflich.
Jeder Lebensmittelunternehmer ist verpflichtet, sich bei der zuständigen Behörde registrieren zu lassen. Diese Pflicht haben alle Betriebe, die Lebensmittel produzieren, verarbeiten oder vertreiben. Zu ihnen gehören neben Gaststätten handwerkliche und industrielle Hersteller, landwirtschaftliche Betriebe und Winzer, aber auch Betriebe, die Lebensmittel nur am Rande im Sortiment führen. Wenn Sie Lebensmittel produzieren, sollten Sie sich immer bewusst sein, dass Sie ein hohes Maß an Verantwortung tragen. Die Produkte müssen gesundheitlich unbedenklich und qualitativ einwandfrei sein. Beim Arbeiten muss auf Sauberkeit und Hygiene geachtet werden. Am besten lassen Sie Ihren Produktionsbetrieb von der zuständigen Lebensmittelkontrolle abnehmen.

KOSMETIKRECHT

Als Kosmetik gelten nur Substanzen, die dafür vorgesehen sind, äußerlich mit dem menschlichen Körper (Haut, Nägel, Haare), den Zähnen und den Mundschleimhäuten in Berührung zu kommen. Außerdem müssen sie dazu dienen, den Körper zu reinigen, zu parfümieren, zu schützen oder das Aussehen zu verändern, in gutem Zustand zu halten

Kräuter sammeln ist Balsam für die Seele.

oder den Körpergeruch zu beeinflussen. Das wird unter anderem von folgenden Produkten erfüllt: Schminke, Nagellack, Peeling, Hautcreme, Lipgloss, Seife, Zahnpasta, Deo oder Badezusätzen.
Ein Produkt, das mit dem Ziel verabreicht wird, eine Krankheit zu lindern, ist keine Kosmetik.
Um Kosmetik auf den Markt zu bringen, muss das Produkt den geltenden Vorschriften entsprechen. Alle Hersteller von Kosmetik müssen durch eine sorgfältige Herstellung und eigene Prüfungen für die Sicherheit ihrer Produkte sorgen. Eine Zulassung muss nicht beantragt werden, jedoch ist eine Sicherheitsbewertung jedes Produktes durch einen einschlägigen Experten Pflicht. Zusätzlich muss jedes Produkt im Europäischen **C**osmetic-**P**roduct-**N**otification-**P**ortal (CPNP) notifiziert werden. Dort sind neben einer Rahmenformulierung und der Angabe gezielt abgefragter Inhaltsstoffe auch ein Bild bzw. der Druckfilm einer jeden in Verkehr gebrachten Packungsgröße des Produktes zu hinterlegen. Kosmetikprodukte, die in den Verkehr gebracht wurden, werden stichprobenartig von den zuständigen Behörden untersucht.

Werbeversprechen und Wirkaussagen zu kosmetischen Produkten

Die Werbung für Kosmetik darf keine Merkmale oder Funktionen vortäuschen, die das Produkt nicht besitzt. Dabei ist es egal, ob die Aussage als Text oder als Abbildung erfolgt.

Produktionsstätte für Kosmetik

Die Produktion von Kosmetika findet in einem extra dafür vorgesehenen Raum statt, also nicht in der privaten Küche. Fragen Sie vor Produktionsbeginn bei der Behörde nach, die zuständig ist.

SAMMELHINWEISE

Machen Sie sich mit ein paar Grundregeln des Sammelns vertraut, bevor Sie loslegen. Voraussetzung ist eine sehr genaue Kenntnis der Pflanzen.

Gewerbliches und privates Sammeln

Das gewerbliche Sammeln von Wildkräutern auf eigenem Grundstück ist natürlich ohne Genehmigung erlaubt. Auf dem Gelände der Gemeinde ist meist eine Sammelgenehmigung der Unteren Naturschutzbehörde einzuholen. Außerdem brauchen Sie bei fremdem Privatgelände eine Genehmigung des Grundstückbesitzers.
Für den Privatgebrauch Wildkräuter auf fremdem Gelände zu sammeln, ist in geringen Mengen genehmigungsfrei erlaubt. Als geringe Menge gelten Handsträußchen bzw. ein kleiner Korb.

Sammelgrundsätze

Beim Sammeln von Wildpflanzen sind unbedingt sehr gute Kenntnisse der Pflanzen notwendig. Sammeln Sie nur, was Sie auch sicher kennen. Denn eine Verwechslung kann lebensgefährlich sein, wenn z. B. Maiglöckchen- mit Bärlauchblättern verwechselt werden.
Wichtig ist auch, auf die Bestandserhaltung der Pflanzen zu achten. Am besten lassen Sie zwei Drittel stehen. Sammeln Sie Wurzeln oder andere unterirdische Pflanzenteile, dann lassen Sie einige Teile in der Erde.
Beim Sammeln werden nur gesunde Pflanzenteile mitgenommen und auch nur so viel, wie nötig ist.
Unter Naturschutz stehende Pflanzen wurden in diesem Buch nicht berücksichtigt.
Viele (Un-)kräuter finden Sie in Hülle und

Sammeln Sie nur Kräuter, die Sie sicher kennen.

Fülle in der freien Natur. Sehr leicht lassen sich jedoch Wildpflanzen auch im eigenen Garten kultivieren und nutzen. So wissen Sie genau, woher sie stammen, wie sie behandelt wurden und ob sie mit Schad- oder Giftstoffen belastet sein könnten.
Tipp: Sammeln Sie von seltenen bzw. unter Schutz stehenden Pflanzen die Samen oder kaufen Sie Samen oder Pflanzen. Säen bzw. pflanzen Sie diese in Ihren eigenen Garten. Damit tragen Sie als Nebeneffekt auch zu deren Erhalt und Verbreitung bei.

Wo wird gesammelt?

Die Antwort ist relativ einfach, schwieriger kann es sein, die geeigneten Stellen zu finden: Sammeln Sie an unbelasteten Orten. Tabu sind also Hauptstraßen, Hundespazierwege, gedüngte Äcker, Bahngleise etc.

Wann wird gesammelt?

Warmes, trockenes Wetter ist die beste Gelegenheit, Pflanzen zu sammeln. Dann haben die Pflanzen den höchsten Gehalt an Inhaltsstoffen und sind am schmackhaftesten.
Der Tau soll im optimalen Fall abgetrocknet sein. Idealerweise hat es auch mindestens zwei Tage nicht geregnet. Sind die Kräuter zu feucht, verderben sie schnell.
Die meisten Pflanzen entwickeln sich in der folgenden Reihenfolge: Erst treiben die unterirdischen Teile (Wurzeln, Zwiebeln etc.) aus, dann werden Blätter entwickelt. Es bilden sich Knospen, die zur Blüte werden. Die Pflanze entwickelt dann Samen und Früchte und zieht sich wieder in die Erde zurück. Genau in dieser Reihenfolge werden auch die Bestandteile geerntet.
Im Herbst bis in den Winter hinein sowie im zeitigen Frühjahr werden die unterirdischen Teile geerntet. Also **Wurzeln, Knollen, Rhizome, Zwiebeln** etc. Wichtig ist, dass die Erde nicht gefroren ist.
Blätter und das ganze **Kraut** können vom Frühjahr bis in den Herbst gesammelt werden. Das gilt besonders zur Verwendung in

der Küche. Bei der Heilkraft sollte für jede Pflanze die spezielle Erntezeit beachtet werden.
Bei den **Knospen** ist zu beachten, dass sie beim Sammeln fest und geschlossen sind. Sonst zerfallen sie eventuell bei den weiteren Bearbeitungsschritten.
Blüten werden am besten am frühen Nachmittag geerntet. Die ätherischen Öle haben dann ihre volle Kraft und der Geschmack ist am intensivsten. Die grüne Hülle enthält Bitterstoffe. Wenn Sie nicht möchten, dass Ihr Produkt diese enthält, dann sollten Sie ausschließlich die farbigen Blütenblätter verwenden (z. B. bei Löwenzahnblüten).
Samen und **Früchte** sollten unbedingt ausgereift geerntet werden.
Transportieren Sie unterschiedliche Pflanzen getrennt voneinander und bewahren Sie diese auch bis zur Verarbeitung separat auf. Also legen Sie den Bärlauch nicht zum Giersch, Blüten nicht zu Brennnesseln. Ein Korb, Stoffbeutel oder Papiertüten eignen sich sehr gut, um die Ernte zu transportieren.

Gartenkräuter oder Wildkräuter?

Gartenkräuter können zuverlässig angebaut werden, während Sie sich bei Wildkräutern jedes Jahr aufs Neue auf die Suche begeben müssen. Wenn Sie Gartenkräuter anbauen möchten, dann sollten Sie Wert auf guten Geschmack legen. Sicher müssen Sie anfangs mit einer Versuchsphase rechnen, bis Sie wissen, welche Sorte am besten geeignet ist. Eine Frage, die sich ebenfalls stellt: Möchten Sie selbst aussäen oder kaufen Sie Jungpflanzen? Zum Selbstaussäen brauchen Sie genügend Platz, sehen aber, wie alles von Grund auf entsteht. Bei Jungpflanzen müssen Sie sich weniger kümmern. Ob Samen oder Pflanzen: Erwerben Sie nach Möglichkeit regionale Produkte.
Wildkräuter haben einen konzentrierten Geschmack und trumpfen meist mit mehr Inhaltsstoffen auf.

KRÄUTER TROCKNEN UND LAGERN

Oft ist nach dem Sammeln keine Zeit, die Kräuter sofort zu verarbeiten. Dann können die Kräuter getrocknet oder eingefroren werden. Das Trocknen von Kräutern sollte unmittelbar nach dem Sammeln beginnen. Kräuter verlesen, waschen und trockenschleudern.
In einer Salatschleuder können die Kräuter erst gewaschen, danach trockengeschleudert werden. Wer keine Salatschleuder hat, nimmt ein Geschirr- oder Mulltuch.
Die Kräuter sollten nicht bei allzu großer Hitze getrocknet werden. Die Kräuter locker zwischen Geschirr- oder Mulltücher legen. An einem trockenen, luftigen Ort trocknen, aber direkte Sonneneinstrahlung vermeiden. Immer wieder prüfen, ob die Kräuter gleichmäßig trocknen, evtl. vorsichtig wenden.
Brauchen Sie größere Mengen, dann lohnt es sich, eine Trocknungsanlage zu kaufen oder selbst zu bauen.
Alternativ können die Kräuter als Strauß kopfüber aufgehängt werden. Dabei darauf achten, dass die Sträuße nicht zu groß sind, damit sich kein Schimmel bildet.
Getrocknete Kräuter werden am besten in Papiersäckchen, verschließbaren Behältern aus Pappe oder dunklem Glas aufbewahrt. Das Beschriften der Behälter nicht vergessen, z. B.: „Melissenblätter / 06.06.2017“.
Die Kräuter möglichst im Dunkeln und unter 15 °C lagern. Die Pflanzenteile erst kurz vor der Verwendung zerkleinern. Nur so viel bevorraten, wie in einem Jahr verbraucht wird. Im nächsten Jahr kann wieder frisch gesammelt werden.

ZUBEREITUNG UND ABFÜLLEN

Gewürze wie Nelken, Lorbeer o. Ä. sollten vor dem Kochen z. B. mit einem Mörser zerkleinert werden. Das Aroma entfaltet sich dadurch erst vollständig. Falls die Gewürze nach dem Kochen entfernt werden sollen, dann empfiehlt es sich, einen Papier-Teefilter zu nutzen.

Es gibt eine sehr große Auswahl an Gläsern und Flaschen. Welches Gefäß wozu passt, sollte auch nach der praktischen Anwendung ausgewählt werden. Ist der Inhalt eher viskos oder fest (z. B. Aufstrich oder Creme), dann sollte das Glas wenig Ecken und Kanten haben, damit der Käufer möglichst viel von seinem erworbenen Produkt hat. Bei einem trockenen oder sehr flüssigen Produkt (z. B. Salz oder Essig) können kunstvolle Gläser in Figurenform problemlos verwendet werden. Beim Abfüllen von viskosen, kalten Spezialitäten in Gläser (z. B. Senf) ist es besser, einen Kunststofflöffel zu nehmen, da die Masse besser vom Löffel rutscht als bei einem Löffel aus Metall. Falls Sie keinen Trichter mit großem Loch für kleine Gläser haben, dann nehmen Sie doch einen normalen Haushaltstrichter und kürzen ihn an der passenden Stelle. Bei Heißabfüllung ist es sinnvoll, die Deckel mit Hilfe eines Wasserkochers zu erhitzen. Sie können so sehr einfach die notwendige Menge Deckel sterilisieren.

Generell ist es bei einer zähen Masse (z. B. Senf) ratsam, unter das Glas ein dickes Tuch zu legen. Die beim Abfüllen entstehenden Luftblasen werden durch behutsames Klopfen des Glases auf das Tuch aus der Masse entfernt.

Auch mit einfachen Haushaltsmitteln kann ordentlich gearbeitet werden.

HALTBARKEIT, MHD UND ETIKETTIERUNG

Lebensmittel sollten nicht mehr verwendet werden, wenn sich der Geruch, die Farbe oder die Konsistenz verändert hat. Welches Haltbarkeitsdatum auf Ihrem Produkt steht, bleibt Ihnen als Produzent überlassen. Sie sind dafür verantwortlich, dass Ihr Produkt bis zum Ende des Haltbarkeitsdatums in Ordnung ist.
Weisen Sie Ihre Kunden darauf hin, dass viele Lebensmittel bei optimaler Lagerung länger haltbar sind als angegeben. So wird auch viel Abfall vermieden.
Vor der Festlegung des Haltbarkeitsdatums informieren Sie sich bei ähnlichen Produkten oder verlassen Sie sich auf Ihre eigene Erfahrung als Konsument.

Haltbarkeit von Kosmetika

Entsprechend der Europäischen Kosmetikverordnung müssen kosmetische Produkte mit einer Haltbarkeit von weniger als 30 Monate mit ihrem Mindesthaltbarkeitsdatum gekennzeichnet werden. Hier muss neben der Art des verwendeten Packmittels auch die Mikrobiologische Stabilität des Produktes (Nachweis über einen Keimbelastungstest) Berücksichtigung finden.
Mit dem Öffnen verkürzt sich die Haltbarkeit von Kosmetikprodukten erheblich. Die Inhaltsstoffe reagieren auf den Sauerstoff und die Keime aus der Umgebung. Das führt dazu, dass die Produkte schneller verderben. Grundsätzlich hält ein Produkt länger, wenn es wenig Wasser enthält.
Der Haltbarkeitszeitraum nach dem ersten Öffnen der Verpackung wird dem Endver-

Eine rechtskonforme und kreative Etikettierung ist kein Widerspruch.

braucher über das aufgedruckte Symbol des geöffneten Tiegels und die darin angegebene Zahl (Monate) mitgeteilt.

Etikettierung von Lebensmitteln

Hilfreich und sehr detailliert ist das Buch „Vermarktung von Kräuterprodukten" von Rudi Beiser, Verlag Eugen Ulmer. Die wichtigsten Grundsätze:

- Etikettierung an gut sichtbarer Stelle anbringen, deutlich, gut lesbar und dauerhaft.
- Schriftart, Buchstabenabstand und Farbkontrast müssen zu einer guten Lesbarkeit beitragen.
- Pflichtangaben nicht durch Bilder, Werbung oder andere Angaben verdecken.
- Bezeichnung des Lebensmittels, Füllmenge und evtl. der Alkoholgehalt im gleichen Sichtfeld.
- Alle verpflichtenden Angaben haben mindestens 1,2 mm groß zu sein. Diese Größenangabe bezieht sich auf das kleine „x".
- Bei Verpackungen, deren größte Oberfläche weniger als 80 Quadratzentimeter beträgt (das ist etwa die Größe einer halben Postkarte) muss das kleine „x" mindestens 0,9 mm hoch sein.

Verpackte Lebensmittel müssen folgende Angaben **pflichtgemäß** enthalten:

1. Bezeichnung des Lebensmittels
2. Zutatenverzeichnis
3. Alkoholgehalt
4. Mindesthaltbarkeitsdatum
5. Nettofüllmenge
6. Preisangabe
7. Name und Anschrift des Lebensmittelunternehmers
8. Losnummer
9. Nährwertangabe
10. Besondere Kennzeichnungen

Internet-Handel

Online-Händler müssen ebenfalls die **Angaben über Nährwerte** zur Verfügung stellen. Bei abgepackten Lebensmitteln, die über das Internet verkauft werden, müssen alle **Pflichtangaben bei der Artikelbeschreibung aufgeführt** werden, so dass sie dem Käufer vor Abschluss des Kaufvertrags direkt zur Verfügung stehen. Ausnahmen sind das Mindesthaltbarkeitsdatum und das Verbrauchsdatum: Das steht direkt auf der Verpackung.

Kennzeichnung von Kosmetika

Die wichtigsten Bestimmungen sind:

1. Alle Bestandteile (INCI-Deklaration) nach ihrem Gewichtsanteil in abnehmender Reihenfolge aufführen. Unterhalb von 1 % kann die Reihenfolge der deklarierten Inhaltsstoffe beliebig gewählt werden.
2. Kennzeichnung von Duftstoffen, unter dem Begriff Parfüm oder Aroma zusammengefasst. Es existiert eine Liste von Parfüminhaltsstoffen, die aufgrund ihres allergenen Potentials ebenfalls in der INCI-Deklaration einzeln aufgeführt werden müssen.
3. Angaben zum Inverkehrbringer/der verantwortlichen Person
4. Verwendungszweck
5. Haltbarkeit, sofern weniger als 30 Monate
6. Anwendungs- und Warnhinweise
7. Chargennummer

Gesundheitsschädliche Stoffe, z. B. Blei oder Quecksilber, dürfen in den Produkten nicht enthalten sein. Auch Kräuter, die Gift enthalten oder Stoffe, die zu Allergien führen, dürfen nicht enthalten sein.

Blüten-
Zucker

Kräutermischungen, -salze und -zucker

Mischen Sie nicht zu viele verschiedene Kräuter miteinander – bis zu sieben Komponenten genügen. So bereiten Sie die Kräuter richtig vor: In eine Kräutermühle werden die Pflanzenteile grob zerkleinert eingefüllt. Faserige Pflanzenteile sollten Sie vor der Verarbeitung zu Salz oder Zucker grob in Stücke schneiden. Große Mengen werden am besten in der Küchenmaschine verarbeitet. Für Kräutermischungen bleiben Blatt, Kraut oder Blüte allerdings unzerkleinert. Sehr schön sieht es aus, wenn der Gewürzzucker und der reine Zucker bzw. Kräuter und Salz schichtweise ins Glas gefüllt werden.

Bärlauch-
Zitronen-
salz

Bärlauch-Zitronen-Salz

Für etwa 22 Gläser à 50 ml

- 100 g frische Bärlauchblätter
- 10 g abgeriebene Schale von Bio-Zitronen
- 1 kg Salz

→ Bärlauchblätter waschen und trockentupfen, mit Zitronenschale und Salz mixen.

→ Die Salzmasse auf einem mit Butterbrotpapier ausgelegten Blech verstreichen.

→ Wenn die Masse getrocknet ist, zerreiben, sodass das Gewürzsalz wieder streufähig ist.

→ Das Salz in Gläser abfüllen.

TIPPS

- **Sie können die Zitronenschale auch extra trocknen und erst beim Abfüllen in das Bärlauchsalz geben. Das sieht schöner aus.**
- **Das Bärlauch-Zitronensalz passt perfekt zu Fisch, Gemüse oder Salatsoßen.**

Frühlingsanfang

Für etwa 28 Gläser oder Tüten à 200 ml

- je 150 g Brennnessel, Gundermann, Giersch und Scharbockskraut
- je 50 g Löwenzahnblüten und Taubnesselblüten

→ Die Blätter von Brennnessel, Gundermann, Giersch und Scharbockskraut von den Stängeln zupfen. Löwenzahnblüten aus dem Blütenkörbchen zupfen. Taubnesselblüten vom Kelch auszupfen.

→ Die Kräuter und Blüten getrennt voneinander locker zwischen Geschirr- oder Mulltücher legen. An einem trockenen, luftigen Ort trocknen.

→ Erst nach dem Trocknen mischen. Die Kräutermischung in schöne Gläser abfüllen.

Schicht für Schicht

Besonders schön sieht es aus, wenn die Kräuter schichtweise in Gläser gefüllt werden.

Sommerduft

Sommerduft

Für etwa 24 Gläser oder Tüten à 200 ml

je 100 g Quendel, Brennnesselblätter, Bärwurz, Borretschblüten, Königskerzenblüten und Gänseblümchenköpfe

- Die Quendelblätter, Brennnesselblätter und Bärwurz vom Stängel zupfen. Borretschblüten aus dem Kelch zupfen. Königskerzenblüten und Gänseblümchenköpfchen ganz lassen.
- Die Blätter und Blüten getrennt voneinander locker zwischen Geschirr- oder Mulltücher legen und an einem trockenen, luftigen Ort trocknen.
- Erst nach dem Trocknen alles ordentlich mischen und in schöne Gläser füllen. Die Mischung kann auch in eine Kräutermühle gefüllt werden.

Herbstwind

Für etwa 16 Gläser oder Tüten à 200 ml

je 100 g Dost, Giersch, Ringelblumen und Brennnesselsamen

- Dostblätter und Gierschblätter von den Stängeln abzupfen. Ringelblumenblüten aus den Körbchen zupfen.
- Blätter, Blüten und Brennnesselsamen getrennt voneinander trocknen. Das geht am besten zwischen Tüchern oder in einem Trocknungsgerät.
- Wenn alles rascheltrocken ist, die Kräuterbestandteile sorgfältig mischen.
- Beim Abfüllen in die Gläser darauf achten, dass die Bestandteile gleichmäßig verteilt werden.

Kräuter-
garten

Im Garten

Für etwa 20 Gläser oder Tüten à 200 ml

je 100 g Liebstöckel, Petersilie, Majoran, Thymian und Dill

- Alle Kräuter von den Stängeln abzupfen und zum Trocknen zwischen Mulltücher oder Geschirrtücher legen. An einem trockenen, luftigen Platz so lange liegen lassen, bis alles rascheltrocken ist.
- Die Kräuter mischen und in Gläser füllen.

Wildkräuter als Alternative

Diese Kräuter können auch durch ihre wilden Verwandten Giersch, Dost, Quendel und Bärwurz ersetzt werden.

Urlaub im Süden

Für etwa 22 Gläser à 50 ml

je 50 g Beifuß, Thymian, Rosmarin und Salbei

1 kg Salz

- Die Kräuter von den Stängeln abzupfen und mit dem Salz mörsern oder in der Küchenmaschine mixen.
- Alternativ dazu können Sie auch nur die Kräuter mit der Hälfte Salz mixen. Dann das restliche Salz beim Abfüllen abwechselnd mit dem Kräutersalz ins Gefäß geben.
- Das Kräutersalz auf ein mit Butterbrotpapier ausgelegtes Backblech streichen.
- Sind die Kräuter trocken, alles vorsichtig zerbröseln und in Gläser abfüllen.

Quendel-
salz

Quendelsalz

Für etwa 22 Gläser à 50 ml

200 g Quendel

1 kg Salz

- Den Quendel von den Stängeln streifen. Die Blätter trocknen.
- Nach dem Trocknen mit Salz mischen und in eine Gewürzmühle füllen. Schön sieht es auch aus, wenn der Quendel und das Salz in mehreren Schichten in die Gewürzmühle gefüllt werden.
- Alternativ dazu wird das Salz mit den Blättern gemischt und dann in Gläser gefüllt. Auf dem Etikett kann ein Hinweis platziert werden, dass die Mischung vor Gebrauch gemörsert werden soll.

TIPP

Quendelsalz passt zu mediterranen Gerichten, Tomatensoße oder Hackfleisch.

Wildkräutersalz

Für etwa 22 Gläser à 50 ml

200 g Wildkräuter (z. B. je ein Drittel Bärwurz, Brennnesselblätter, Giersch)

1 kg Salz

- 3–5 verschiedene Wildkräuter sammeln, verlesen, waschen und trockenschleudern. Dann mit dem Salz im Mixer zerkleinern.
- Die Masse auf einem mit Butterbrotpapier ausgelegtes Backblech streichen. Mit einem sauberen Tuch abdecken und trocknen.
- Sind die Kräuter trocken, alles zerstoßen und in Gläser abfüllen.

TIPP

Dieses Salz passt z. B. zu Eierspeisen, Gemüse, Fisch und Salatsoßen.

Salbei
Salbeisalz

Salbeisalz

Für etwa 22 Gläser à 50 ml

200 g frische Salbeiblätter mit Blüten

1 kg Salz

→ Salbeiblätter mit Salz in die Küchenmaschine geben und mixen.

→ Die Salzmasse auf ein mit Butterbrotpapier ausgelegtes Backblech streichen. Möglichst rasch trocknen. Salbeiblüten extra trocknen.

→ Die getrocknete Salzmasse zerstoßen und die Blüten daruntermischen. In Gläser abfüllen.

TIPP

Das Salbeisalz passt z. B. zu Kartoffeln.

Nesselsalz

Für etwa 22 Gläser à 50 ml

200 g Mischung aus Brennnesselblättern, Brennnesselsamen und bunten, getrockneten Taubnesselblüten

1 kg Salz

→ Die Brennnesselblätter zusammen mit dem Salz mixen. In diese Masse werden die Brennnesselsamen gemischt.

→ Miteinander auf einem Backblech trocknen.

→ Die getrocknete Masse zerstoßen, sodass das Salz wieder streufähig ist.

→ Dann erst die getrockneten Taubnesselblüten untermischen. Das Salz in Gläser abfüllen.

TIPP

Das Nesselsalz schmeckt besonders fein auf dem Frühstücksei.

Blütenzucker

Für etwa 20 Gläser à 50 ml

150–200 g Blüten (z. B. gelbe oder rote Taubnesselblüten, Malven, Ringelblumen)

1 kg Zucker

→ Die farbigen Blütenblätter aus den Kelchen zupfen. Die Blüten sollten dabei ganz bleiben. Jede Blütensorte separat trocknen, ohne Zucker.

→ Die getrockneten Blüten mit dem Zucker mischen und in Gläser abfüllen. Am besten werden die Blüten erst vor dem Verwenden mit dem Mörser zerstoßen. Sie können jedoch auch unmittelbar vor dem Mischen mit dem Zucker zerkleinert werden.

Bunter Zucker

Dieser Blütenzucker verfeinert einen Obstsalat und entzückt mit seinen Farben.

Löwenzahnblütenzucker

Für etwa 20 Gläser à 50 ml

150 g Löwenzahnblütenblätter

1 kg Zucker

→ Die Löwenzahnblütenblätter am besten in der Küchenmaschine mit dem Zucker mixen und dann auf einem Blech trocknen.

→ Vor dem Abfüllen zerstoßen, damit der Zucker wieder rieselt. In Gläser abfüllen.

Löwenzahnblüten richtig verarbeiten

Da sich die Blütenköpfe des Löwenzahns schnell schließen, nicht zu viele sammeln. Lieber öfter sammeln und am besten vormittags. Die gelben Blütenblätter der Löwenzahnblüten aus dem Korb zupfen. Soweit es möglich ist, das Grün der Blütenkelche nicht mit abzupfen – im Grün sind Bitterstoffe enthalten.

Melissenzucker

Für etwa 20 Gläser à 50 ml

100–200 g Zitronenmelisseblätter

1 kg Zucker

→ An einem bewölkten, warmen Tag die Blätter mit der Schere von den Stängeln abschneiden und nebeneinander liegend trocknen.

→ Die Blätter grob schneiden. Unmittelbar vor dem Abfüllen mit dem Zucker mischen. In Gläser abfüllen.

TIPPS

- **Der Melissenzucker wird erst vor der Verwendung gemörsert. Dies sollte als Hinweis auf dem Etikett stehen.**
- **Melissenzucker passt sehr gut zu Obst oder verfeinert Schlagsahne.**

Rosen-
zucker

Rosenzucker

Für etwa 20 Gläser à 50 ml

80 g getrocknete rote Rosenblütenblätter

1 kg Zucker

→ Frische Rosenblüten auf einem Trockengestell oder auf Mulltüchern trocknen. Die Blüten müssen ganz durchgetrocknet sein (Raschelprobe durchführen). Falls die Blüten nicht selbst getrocknet werden, die notwendige Menge bei einem Kräuterhändler des Vertrauens einkaufen.

→ In einer großen Schüssel zuerst den Zucker abwiegen. Die getrockneten Rosenblütenblätter hinzugeben und gut verrühren.

→ Jetzt die Zucker-Blüten-Mischung im Mixer einer leistungsstarken Küchenmaschine zu einer feinen Mischung zerkleinern. Eventuell in zwei Etappen arbeiten. Die Zuckermischung in Gläser abfüllen.

Färben auf natürliche Art

Wenn die Farbe des Rosenzuckers kräftiger ausfallen soll, ein wenig Rote-Bete-Pulver zufügen.

Lavendelzucker

Für etwa 11 Gläser à 50 ml

30 g getrocknete Lavendelblüten

1 kg Zucker

→ Frische Lavendelblüten auf einem Trockengestell oder auf Mulltüchern trocknen. Die Kräuter müssen ganz durchgetrocknet sein (Raschelprobe durchführen). Falls die Blüten nicht selbst getrocknet werden, die notwendige Menge bei einem Kräuterhändler des Vertrauens einkaufen.

→ In einer großen Schüssel zuerst den Zucker abwiegen. Die getrockneten Lavendelblüten hinzugeben und gut verrühren.

→ Jetzt die Zucker-Blüten-Mischung im Mixer einer leistungsstarken Küchenmaschine zu einer feinen Mischung zerkleinern. Eventuell in zwei Etappen arbeiten. Die Zuckermischung in Gläser abfüllen.

Mehr Frische

Wenn das Aroma des Zuckers etwas frischer ausfallen soll, etwa 10–20 g getrocknete Pfefferminze mit zerkleinern.

Orangenblüten
Zucker

Orangenblütenzucker

Für etwa 20 Gläser à 50 ml

80 g getrocknete Orangenblüten

1 kg Zucker

→ Die notwendige Menge getrockneter Orangenblüten bei einem Kräuterhändler des Vertrauens einkaufen.

→ In einer großen Schüssel zuerst den Zucker abwiegen. Die getrockneten Orangenblüten hinzugeben und gut verrühren.

→ Jetzt die Zucker-Blüten-Mischung im Mixer einer leistungsstarken Küchenmaschine zu einer feinen Mischung zerkleinern. Eventuell in zwei Etappen arbeiten.

→ Nun die fertige Zuckermischung gleichmäßig in Gläser abfüllen.

TIPP

Als Variation können für diesen Blütenzucker auch 60 g getrocknete Orangenblüten mit 40 g getrockneten Jasminblüten gemischt werden.

Zitronenverbenenzucker

Für etwa 20 Gläser à 50 ml

120 g getrocknete Zitronenverbene

1 kg Zucker

→ Frische Zitronenverbene auf einem Trockengestell oder auf Mulltüchern trocknen. Die Kräuter müssen ganz durchgetrocknet sein (Raschelprobe durchführen). Falls keine Kräuter selbst getrocknet werden, die notwendige Menge bei einem Kräuterhändler des Vertrauens einkaufen.

→ In einer großen Schüssel zuerst den Zucker abwiegen. Die getrocknete Zitronenverbene hinzugeben und gut verrühren.

→ Jetzt die Zucker-Kräuter-Mischung im Mixer einer leistungsstarken Küchenmaschine zu einer feinen Mischung zerkleinern. Eventuell in zwei Etappen arbeiten. Die Zuckermischung in Gläser abfüllen.

So schmeckt es noch zitroniger

Wenn der frische, zitronige Geschmack intensiviert werden soll, etwa 20 g getrocknete Zitronenschale mit zerkleinern.

Königskerzen-
blütenzucker

Königskerzenzucker

Für etwa 20 Gläser à 50 ml

- 100–200 g Königskerzenblüten
- 1 kg Zucker

→ Wichtig: Die Blüten werden an dem Tag geerntet, an dem sie aufgehen. Sind die Blüten schon einen Tag alt, dann werden sie beim Trocknen braun.

→ Etwa ein Fünftel der Blüten ganz lassen.

→ Die restlichen Blüten sofort mit dem Zucker mischen und mörsern oder im Mixer zerkleinern.

→ Die ganzen Blüten und die Zuckermasse getrennt voneinander auf einem Backblech ausbreiten und trocknen.

→ Die getrocknete Blütenzuckermasse zerbröseln, mit den ganzen Blüten mischen und alles in Gläser abfüllen.

Zitronige Noten

Getrocknete, zerkleinerte Zitronen- oder Orangenschalen geben dem Zucker eine frische Note.

Nelkenwurzzucker

Für etwa 20 Gläser à 50 ml

- 150 g Nelkenwurz
- 1 kg Zucker

→ Nelkenwurz mit einer Bürste ordentlich putzen und dann trocknen.

→ Die Wurzeln mit einem Drittel des Zuckers mörsern oder in der Küchenmaschine zerkleinern.

→ Vor dem Abfüllen den restlichen Zucker untermischen oder schichtweise in Gläser abfüllen.

Winterliches Gewürz

Der Nelkenwurz-Zucker ist eine Alternative zur exotischen Gewürznelke. Er passt sehr gut zu Weihnachtsgebäck oder in den Punsch.

Wildkräuteressig
Wildkräuteressig

Essig, Öl und Eingelegtes

Am einfachsten ist es, den Essig kalt anzusetzen. Dafür eignet sich jeder gute Wein- oder Apfelessig, aber auch heller Balsamico-Essig. Alternativ kann auch die sogenannte Heißmethode angewandt werden. Dafür wird der Essig heiß über die Kräuter gegossen. Dieser Essig kann sofort verwendet werden. Geschmackvoller wird der Essig als Kaltauszug, der allerdings ein paar Wochen reifen muss. Für die Ölrezepte gilt Ähnliches. Die Kräuter werden im kalten Öl angesetzt. Sie sollten darauf achten, dass die Kräuter immer vollständig mit Öl bedeckt sind, damit sie nicht schimmeln.

Gartenkräuteressig

Gartenkräuteressig

Für etwa 5 Flaschen à 200 ml
Reifezeit: 4 Wochen

- 1 Handvoll frischer Kerbel
- 10 Stängel Pimpinelle
- 5 Stängel Estragon
- 3 Stängel Dill
- 3 Stängel Liebstöckel
- 4 Stängel Petersilie
- 1 l Weißweinessig

→ Die Gartenkräuter waschen und trockenschleudern. In ein verschließbares Gefäß mit großer Öffnung geben und mit dem Weißweinessig übergießen.

→ Das Gefäß verschließen und an einem dunklen Ort 4 Wochen stehen lassen.

→ Durch ein feines Sieb filtern oder durch ein Mulltuch gießen und in schöne Flaschen füllen.

Scharfer Kräuteressig

Für etwa 5 Flaschen à 200 ml
Reifezeit: 4 Wochen

- 4 Stängel Estragon
- 4 Stängel Zitronenmelisse
- 1 Stängel Salbei
- 1 Stängel Wermut
- 1 kleines Stück Ingwer
- 1 l Weißweinessig

→ Die Kräuter waschen und trocknen. Den ungeschälten Ingwer so einschneiden, dass er an einem Stück bleibt. In ein verschließbares Gefäß geben und mit dem Essig übergießen.

→ Das Gefäß verschließen und 4 Wochen an einem dunklen Ort stehen lassen.

→ Durch ein feines Sieb filtern oder durch ein Mulltuch gießen und in schöne Flaschen füllen.

Wildkräuteressig
Wildkräuteressig

Wildkräuteressig

Für etwa 5 Flaschen à 200 ml
Reifezeit: 4 Wochen

- 2 Stängel Schafgarbe
- 2 Stängel Giersch
- 5 Stängel Pimpinelle
- 1 Stängel Bärwurz
- 1 l Apfelessig

→ Wildkräuter verlesen, waschen und trocknen. In ein verschließbares Gefäß geben und mit dem Apfelessig übergießen.

→ Das Gefäß verschließen und 4 Wochen an einem dunklen Ort stehen lassen.

→ Durch ein feines Sieb filtern oder durch ein Mulltuch gießen und in schöne Flaschen füllen.

Melissenessig

Für etwa 5 Flaschen à 200 ml
Reifezeit: 4 Wochen

- 10 Stängel Zitronenmelisse
- 1 l Weißweinessig

→ Melissenblätter mit einer Schere von den Stängeln schneiden. Dabei darauf achten, dass die Blätter nicht zerquetscht werden. Die Blätter in ein verschließbares Gefäß geben.

→ Den kalten Weißweinessig über die Blätter gießen, das Gefäß verschließen und 4 Wochen an einem dunklen Ort stehen lassen.

→ Durch ein feines Sieb gießen und in schöne Flaschen füllen. Es können noch ein paar Blätter und Blütenstände in die Flaschen gesteckt werden.

Bärlauchöl

Für etwa 5 Flaschen à 200 ml
Reifezeit: 2–3 Wochen

- 5 Handvoll Bärlauchblätter
- 1 l Sonnenblumenöl

→ Den Bärlauch waschen und gut abtrocknen. Die Blätter grob schneiden, damit der geschmacksintensive Saft austritt.

→ Bärlauch in ein verschließbares Gefäß geben und mit dem Sonnenblumenöl übergießen. 2–3 Wochen an einem dunklen Ort stehen lassen. Darauf achten, dass der Bärlauch immer von Öl bedeckt ist. Am besten während der Auszugszeit den Ansatz regelmäßig kontrollieren.

→ Anschließend die Blätter entfernen. Das Bärlauchöl durch ein Mulltuch filtern, damit keine Partikel im Öl bleiben, die zur Schimmelbildung führen könnten. In schöne Flaschen füllen.

Himbeer-Rosen-Essig

Für etwa 5 Flaschen à 200 ml
Reifezeit: 4 Wochen

- 600 g frische Himbeeren plus jeweils ein paar Himbeeren für jede Flasche
- 2 EL Honig
- 1 l Rotweinessig
- 1 Tropfen Rosenöl
- 1 Tropfen Mandelöl
- 1 Handvoll frische (Damaszener-)Rosenblätter

→ 600 g Himbeeren mit Honig und Rotweinessig in ein verschließbares Gefäß geben und etwa 4 Wochen an einem dunklen Ort stehen lassen.

→ Den Essig durch ein Tuch gießen, damit er keine Fruchtstücke mehr enthält. Das Rosenöl mit dem Mandelöl mischen. Von dieser Mischung 1 Tropfen in den Essig geben und alles gut durchmischen.

→ Von den frischen Rosenblättern den weißen Teil entfernen und in Flaschen geben. Ein paar Himbeeren dazugeben und mit dem Essig auffüllen.

Basilikumöl

Basilikumöl

Für etwa 5 Flaschen à 200 ml
Reifezeit: 2–3 Wochen

- 4 Handvoll Basilikum
- 1 l Sonnenblumenöl

→ Das Basilikum waschen und die Basilikumblätter von den Stängeln zupfen. Auch Knospen und Blüten können verwendet werden. Alles vorsichtig trockentupfen.

→ Das Basilikum grob schneiden, damit genug Saft austritt. In ein verschließbares Gefäß geben und mit Sonnenblumenöl übergießen. 2–3 Wochen an einem dunklen Ort stehen lassen. Während der Auszugszeit immer wieder überprüfen, ob das Basilikum von Öl bedeckt ist.

→ Anschließend die festen Teile aus dem Öl entfernen. Das Basilikumöl durch ein Mulltuch filtern, damit keine Partikel im Öl bleiben, die zur Schimmelbildung führen könnten. In schöne Flaschen füllen.

TIPP

Empfehlenswert ist das Basilikumöl zu allen Tomatengerichten, aber auch zu Blattsalaten.

Mediterranes Kräuteröl

Für etwa 5 Flaschen à 200 ml
Reifezeit: 4 Wochen

- 2 Stängel Thymian
- 2 Stängel Rosmarin
- 2 Stängel Salbei
- 5 Chilischoten
- 1 l Olivenöl

→ Die Kräuter waschen und trockentupfen. Die Chilischoten waschen, halbieren, entkernen und zusammen mit den Kräutern auf 5 Flaschen verteilen.

→ Die Flaschen mit Öl füllen. Etwa 4 Wochen an einem dunklen Ort stehen lassen. Ab und zu überprüfen, ob die Kräuter und die Chilis mit Öl bedeckt sind. Wenn dies nicht der Fall ist, mit Öl bedecken.

→ Nach 4 Wochen ist das Aroma der Kräuter in das Öl übergegangen und das Kräuteröl ist verkaufsfertig.

TIPP

Dieses mediterrane Öl passt zu gegrillten Zucchini, Auberginen oder Schafkäse.

Bärlauchknospen

Für etwa 7 Gläser à 200 ml
Reifezeit: 1 Woche

- 500 g Bärlauchknospen
- 20 g Salz
- 500 ml milder Essig
- 500 ml Wasser

→ Die Knospen waschen, trockentupfen, in eine Schüssel geben und salzen. Über Nacht im Kühlschrank ziehen lassen.

→ Am nächsten Tag in einem Topf Essig mit Wasser aufkochen. Die Knospen in die Flüssigkeit geben und nochmals aufkochen. Die Knospen im Sud etwa 5 Minuten ziehen lassen.

→ Die abgekühlten Knospen in die Gläser füllen.

→ Die Flüssigkeit wieder aufkochen und heiß über die Knospen geben. Die Gläser sofort verschließen und für etwa 5 Minuten auf den Deckel stellen. Frühestens nach einer Reifezeit von 1 Woche verkaufsfertig.

TIPP

Bärlauchknospen sind eine delikate Beilage zu Käse, zum Blattsalat oder eine Ergänzung der Vorspeisenplatte.

Mixed Pickles

Für etwa 7 Gläser à 200 ml
Reifezeit: 1 Woche

- 500 g Löwenzahn-, Bärlauch-, Scharbockskrautknospen
- 500 ml Weinessig
- 20 g Salz
- 500 ml Rapsöl

→ Die Knospen vorsichtig waschen. Den Weinessig aufkochen. Das Salz in den heißen Essig geben und darin auflösen. Die Knospen mit dem Sud übergießen.

→ Alles über Nacht durchziehen lassen. Das Ganze in ein Sieb abgießen und die Knospen gut abtropfen lassen. Die Knospen gleichmäßig auf die Gläser verteilen.

→ Die Knospen mit genügend Öl übergießen, sodass sie bedeckt sind, damit sie nicht schimmeln. Die Gläser verschließen. Frühestens nach einer Reifezeit von 1 Woche verkaufsfertig.

Auch das Öl verwerten!

Weisen Sie Ihre Kunden darauf hin, dass das Öl ebenfalls verwendet werden kann, z. B. um eine Salatsoße zuzubereiten.

Grüne Nüsse

Für etwa 7 Gläser à 200 ml
Reifezeit: mindestens 6 Monate

1 kg grüne Walnüsse (Erntezeit um den Johannitag)
700 ml Wasser
700 g Zucker
½ Vanilleschote
3 Gewürznelken
2 g gemahlenes Piment
3 g Salz

- Für die folgende Tätigkeit sollten Sie unbedingt Handschuhe tragen! Walnüsse mehrfach mit einer Nadel oder zwei- bis dreimal mit einer dreizinkigen Pellkartoffelgabel einstechen.
- Walnüsse in ein verschließbares Gefäß geben und mit Wasser bedecken. Mindestens 2 Wochen stehen lassen. Dabei zweimal täglich das Wasser wechseln. Das Gefäß wird durch die Gerbstoffe schwarz, nehmen Sie also ein Gefäß beispielsweise aus Glas oder einen Eimer für Lebensmittel.
- Die Nüsse in frischem Wasser etwa 15 Minuten kochen. Das Wasser abgießen und die Nüsse abtropfen lassen.
- 700 ml Wasser mit dem Zucker und den Gewürzen zu einem Sirup kochen. Die Nüsse dazugeben und nochmals aufkochen. Stehen lassen, bis alles abgekühlt ist. Vanilleschote und Gewürznelken herausnehmen.
- Nun die Nüsse in die vorbereiteten Gläser füllen. Den Sirup nochmals aufkochen und heiß über die Walnüsse geben.
- Gläser verschließen und am besten noch einmal 30 Minuten bei 80 °C sterilisieren. Mindestens bis Weihnachten an einem kühlen Platz reifen lassen.

TIPP

Grüne Nüsse schmecken sowohl zu Frischkäse, angebraten im Speckmantel, zu (Feld-)Salat oder Sauerbraten, aber auch zu Desserts wie Vanilleeis.

Kornelkirschen

Für etwa 7 Gläser à 200 ml
Reifezeit: 2 Monate

- 2 Gewürznelken
- 1 TL Senfkörner
- 1 TL Wacholderbeeren
- ½ TL frischer Thymian
- 1 TL frischer Majoran
- 500 ml Rotweinessig
- 1 EL Salz
- 1 TL Honig
- 1 kg reife Kornelkirschen

→ Gewürze und Kräuter mörsern. Essig, Salz und Honig in einem Topf zusammen aufkochen. Die Gewürz-Kräuter-Mischung in einem Papier-Teebeutel dazugeben und im Sud ziehen lassen. Den Topf von der Herdplatte nehmen und alles erkalten lassen. Den Teebeutel entfernen.

→ Den Sud nun noch einmal kurz aufkochen. Währenddessen die Kornelkirschen waschen und in die vorbereiteten Gläser füllen.

→ Den Essigsud heiß über die Kornelkirschen gießen und verschließen. Die Gläser in einen Sterilisiertopf stellen und 30 Minuten lang bei 80 °C sterilisieren.

→ Mindestens 2 Monate an einem kühlen Ort (z. B. im Keller oder Kühlschrank) reifen lassen.

→ Die eingelegten Kornelkirschen werden wie eine herzhafte Knabberei oder als Antipasti verwendet.

Gurken mit Giersch und Knoblauchrauke

Für etwa 7 Gläser à 200 ml

- 1 kg Einlegegurken
- 30 g Zwiebeln
- 3 g gelbe Senfkörner
- 10 g frischer Giersch und frische Knoblauchrauke
- 250 ml Weißweinessig
- 500 ml Wasser
- 1 TL Salz
- 1 TL Zucker

→ Die Gurken gut waschen, abtropfen lassen und auf die Gläser verteilen. Zwiebeln schälen, in halbe Ringe schneiden und auf den Gurken verteilen. Senfkörner gleichmäßig auf die Gurkengläser verteilen. Giersch und Knoblauchrauke grob schneiden und ebenfalls über die Gurken verteilen.

→ Den Weißweinessig mit Wasser, Salz und Zucker kurz aufkochen, sodass sich Salz und Zucker auflösen. Den Sud über die Gurken gießen.

→ Nun die Gläser verschließen und in einen Sterilisiertopf stellen. Mit Wasser auffüllen, sodass die Gläser bis zu drei Vierteln im Wasser stehen. Den Deckel auf den Topf legen und das Thermometer in die Öffnung stecken.

→ Die Gurken bei 90 °C etwa 30 Minuten sterilisieren. Nach 30 Minuten sofort aus dem heißen Wasser nehmen.

Löwenzahnknospen

Für etwa 7 Gläser à 200 ml
Reifezeit: 1 Woche

- 500 g Löwenzahnknospen
- 20 g Salz
- 500 ml Apfelessig
- 500 ml Wasser

→ Stängel von den Knospen zupfen. Die gewaschenen, trockengetupften Knospen in eine Schüssel geben und salzen. Über Nacht im Kühlschrank ziehen lassen.

→ Am nächsten Tag in einem Topf den Apfelessig mit Wasser aufkochen. Die Knospen in die Flüssigkeit geben und nochmals aufkochen. Die Knospen im Sud etwa 5 Minuten ziehen lassen.

→ Wenn die Knospen abgekühlt sind, werden die Gläser befüllt.

→ Die Flüssigkeit wieder aufkochen und heiß über die Knospen geben. Verschließen Sie die Gläser sofort und stellen Sie diese für etwa 5 Minuten auf den Kopf.

→ Wenn alles abgekühlt ist, werden die Gläser etikettiert.

Kirschkompott mit Holunderblüten

Für etwa 7 Gläser à 200 ml
Reifezeit: 2 Wochen

- 1 kg Kirschen (entsteint gewogen)
- 450 g Zucker
- 12 g Pektin
- 5 g Zitronensäure
- 4 g Holunderblüten, ohne Stiele

→ Die entsteinten Kirschen mit zwei Dritteln des Zuckers langsam erhitzen. Wenn die Masse kocht, den restlichen Zucker mit Pektin und Zitronensäure mischen und in die kochende Masse geben. Zum Schluss die Holunderblüten dazugeben. Diese werden nur kurz mitgekocht.

→ Die heiße Masse in die vorbereiteten Gläser füllen. Die Gläser sofort verschließen und für 5 Minuten auf den Deckel stellen.

TIPP

Bewährt hat sich eine Reifezeit von etwa zwei Wochen. Erst dann kommt das feine Aroma der Holunderblüte zur Geltung.

Suppengemüse mit Giersch

Für etwa 10 Gläser à 200 ml

1 kg Karotten
500 g Lauch
500 g Sellerie
1 kg Salz
90 g Giersch

→ Das Gemüse waschen. Die Karotten schälen und in grobe Stücke schneiden. Lauch putzen und in Ringe schneiden. Sellerie schälen und in große Stücke schneiden.

→ Je nach Leistungsfähigkeit der Küchenmaschine das Gemüse in mehreren Portionen oder auf einmal zusammen mit Salz und Giersch sehr klein mixen.

→ Suppengemüse in Gläser abfüllen. Das Suppengemüse ist durch das Einsalzen nahezu unbegrenzt haltbar.

→ Jedoch ist es auch möglich, die Mischung sanft bei 80 °C im Backofen zu trocknen. Das getrocknete Suppengemüse benötigt nicht so viel Platz, es können somit kleinere Gläser verwendet werden. Im Gericht löst es sich auch besser auf.

Vielseitiges Gewürz

Mit diesem Allrounder können außer Suppen und Gemüse auch (Braten-)Soßen, Beilagen oder Pilzgerichte gewürzt werden.

Kräuterbrot

Für etwa 7 Gläser à 500 ml (gerade Gläser verwenden, die mit Gummiring, Glasdeckel und Klammern geschlossen werden)

- 1 kg Dinkelmehl
- 5 g Trockenhefe
- 20 g Salz
- 10 g getrocknete Wildkräuter (z. B. die Mischung Herbstwind mit Dost, Giersch, Brennnesselsamen, Ringelblumen)
- 550 ml lauwarmes Wasser
- 10 ml Rapsöl

→ Den Backofen auf 70 °C vorheizen.

→ Mehl, Hefe, Salz und Kräuter gut mischen. Lauwarmes Wasser und Rapsöl zur Mischung geben. Alle Zutaten zu einem glatten Teig verkneten.

→ Die Gläser jeweils zur Hälfte mit Teig befüllen.

→ Nun die Gläser ohne Deckel in eine Auflaufform oder ein tiefes Backblech stellen. Den Teig im vorgeheizten Backofen 30 Minuten gehen lassen.

→ Die Temperatur auf 220 °C erhöhen und den Teig in den offenen Gläsern 25–30 Minuten backen. Erst danach die Deckel auf die Gläser legen.

→ Die Ofentemperatur auf 90 °C reduzieren, dabei die Backofentür offen lassen. Erst wenn auf den Deckeln kein Kondenswasser mehr sichtbar ist, die Gläser verschließen.

→ Die Auflaufform bzw. das Backblech mit warmem Wasser füllen, sodass die Gläser etwa 2 cm hoch im Wasser stehen. Die Gläser nun im 90 °C warmen Backofen 30 Minuten sterilisieren.

→ Die Gläser auf einem Backgitter abkühlen lassen.

Dinkel-Wildkräuter-Gebäck

Für etwa 12 Gläser à 200 ml

- 1 kg Dinkelmehl
- 12 g Salz
- 400 g Schmand
- 500 g Butter
- 10 g getrocknete Wildkräuter (z. B. Bärwurz, Beifuß, Quendel)

→ Aus allen Zutaten einen geschmeidigen Teig kneten. Den Backofen auf 180 °C vorheizen.

→ Eine Rolle formen und gleichmäßige Stücke abschneiden oder den Teig ausrollen und Plätzchen ausstechen. Die Teiglinge auf ein Backblech legen.

→ Im vorgeheizten Backofen 20–25 Minuten backen. Auf einem Backgitter abkühlen lassen.

→ Das abgekühlte Gebäck in Gläser oder Tüten füllen.

Weinbergpfirsich
mit Rosmarin

Brotaufstriche, Senf und Dips

Viele Kräuter und Blüten eignen sich für die Herstellung von Brotaufstrichen. Süße Brotaufstriche können nach dem folgenden Grundrezept zubereitet werden: 1 kg Fruchtrohmasse wird mit 500 g Zucker, 12 g Pektin und 5 g Zitronensäure gekocht. Je nachdem, wie viel Pektin und Säure in den Früchten vorhanden ist, geliert es mehr oder weniger. Am besten macht man beim Kochen eine Gelierprobe. Kräuter und Blüten werden immer erst zum Schluss dazugegeben, damit das Aroma erhalten bleibt.

Erdbeer-
Lavendel

Erdbeer-Lavendel-Fruchtaufstrich

Für etwa 6 Gläser à 200 ml

- 1 kg Erdbeeren (geputzt gewogen)
- 500 g Zucker
- 12 g Apfelpektin
- 5 g Zitronensäure
- 2 g getrocknete Lavendelblüten

→ Die Erdbeeren mit etwa zwei Dritteln des Zuckers unter Rühren aufkochen. Eventuell durchmixen.

→ Das restliche Drittel Zucker mit Pektin und Zitronensäure mischen, sorgfältig unter die Fruchtmasse rühren. Darauf achten, dass die Masse nicht anbrennt. Erst wenn die Masse kocht, die Lavendelblüten dazugeben. Alles etwa 4 Minuten unter Rühren kochen.

→ Die heiße Masse in die vorbereiteten Gläser füllen. Die Gläser sofort verschließen und für 5 Minuten auf den Deckel stellen.

TIPP

Der Fruchtaufstrich schmeckt nicht nur auf dem Brot, sondern auch auf Pfannenkuchen.

Kirschen-Holunderblüten-Fruchtaufstrich

Für etwa 6 Gläser à 200 ml

- 600 g Süßkirschen (entsteint gewogen)
- 400 g Sauerkirschen (entsteint gewogen)
- 500 g Zucker
- 20 g Pektin
- 1 g Zitronensäure
- 6 g Holunderblüten

→ Die Kirschen zusammen mit zwei Dritteln des Zuckers unter Rühren aufkochen.

→ Das restliche Drittel Zucker mit Pektin und Zitronensäure mischen, sorgfältig unter die Fruchtmasse rühren. Darauf achten, dass die Masse nicht anbrennt. Erst wenn die Masse kocht, die Holunderblüten dazugeben. Alles etwa 4 Minuten unter Rühren kochen.

→ Die heiße Masse in die vorbereiteten Gläser füllen. Die Gläser sofort verschließen und für 5 Minuten auf den Deckel stellen.

TIPPS

- **Dieser Aufstrich kann statt mit Holunderblüten auch mit gehackten, karamellisierten Walnüssen zubereitet werden.**
- **Beides schmeckt nicht nur klassisch auf dem Brot, sondern auch im Naturjoghurt.**

Rosen-Sekt-Gelee

Für etwa 7 Gläser à 200 ml

- 500 ml roter Sekt
- 500 ml Wasser
- 18 g Apfelpektin
- 450 g Zucker
- 7 g Zitronensäure
- 1 Tropfen Rosenöl 50 % oder 50 g frische, in Streifen geschnittene Rosenblüten

→ Sekt und Wasser aufkochen.

→ Das Pektin mit etwa 50 g Zucker gut vermischen. Mit einem Schneebesen in die kochende Flüssigkeit rühren. Vorsicht, es klumpt sehr schnell.

→ Den restlichen Zucker zugeben und alles aufkochen lassen. Die Masse 3 Minuten unter Rühren kochen.

→ Zitronensäure und Rosenöl oder Blüten zugeben. Die heiße Masse in die vorbereiteten Gläser füllen. Die Gläser sofort verschließen und für 5 Minuten auf den Deckel stellen.

Himbeer-Pfefferminz-Fruchtaufstrich

Für etwa 7 Gläser à 200 ml

- 1 kg Himbeeren
- 500 g Zucker
- 12 g Apfelpektin
- 5 g Zitronensäure
- 6 g frische Pfefferminzblätter

→ Die Himbeeren verlesen. Haben Sie viel Geduld oder meinen Sie es besonders gut, dann streichen Sie die Früchte durch ein feines Sieb.

→ Die Früchte mit zwei Dritteln Zucker in einen Topf geben und aufkochen.

→ Das restliche Drittel Zucker mit Pektin und Zitronensäure mischen und in die kochende Masse rühren. Während die Himbeermasse langsam wieder aufkocht, die Pfefferminzblätter kleinschneiden und dazugeben. Alles noch 4 Minuten unter Rühren kochen.

→ Die heiße Masse in die vorbereiteten Gläser füllen. Die Gläser sofort verschließen und für 5 Minuten auf den Deckel stellen.

TIPP

Empfehlen Sie diesen Aufstrich statt auf einem Butterbrot auf einem Frischkäsebrot. Die Kunden und Gäste werden begeistert sein!

Weinbergpfirsich
mit Rosmarin

Roter Weinbergpfirsich-Fruchtaufstrich mit Rosmarin

Für etwa 10 Gläser à 200 ml

- gut 1 kg rote Weinbergpfirsiche
- 2 frische Rosmarinzweige
- 1 kg Gelierzucker
- Saft von ½ Zitrone
- 2 Tropfen Bittermandelaroma

→ Die Weinbergpfirsiche mit aufgekochtem Wasser überbrühen, kurz ziehen lassen und dann enthäuten. Nun die Pfirsiche entsteinen und mit einem Pürierstab pürieren.

→ Die Blätter von den Rosmarinzweigen abstreifen, fein hacken und zum Mus geben. Den Gelierzucker und den Zitronensaft zufügen, alles gut verrühren und die Masse gut 2 Stunden ziehen lassen.

→ Dann die Fruchtmasse nach der Anweisung auf der Verpackung des Gelierzuckers kochen. Kurz vor Ende der Kochzeit das Bittermandelaroma zufügen und unterrühren.

→ Die heiße Masse in die vorbereiteten Gläser füllen. Die Gläser sofort verschließen und für 5 Minuten auf den Deckel stellen.

TIPP

Statt mit Rosmarin kann der Fruchtaufstrich auch mit 1 EL getrockneten Lavendelblüten und dem Mark von 1 Vanilleschote aromatisiert werden.

Rosenfrucht-Aufstrich

Für etwa 7 Gläser à 200 ml

- 1 kg Hagebuttenpüree
- 15 g Apfelpektin
- 450 g Zucker
- 5 g Zitronensäure
- 1 Tropfen Rosenöl 50 %

→ Das Hagebuttenpüree aufkochen, dabei ständig mit einem breiten Spatel rühren. Achtung, es kann sehr schnell anbrennen.

→ Das Pektin mit etwa 50 g Zucker gut vermischen und mit einem Schneebesen in das kochende Püree rühren. Wenn die Masse wieder kocht, den restlichen Zucker zufügen.

→ Aufkochen und 3 Minuten unter Rühren kochen lassen.

→ Zitronensäure und Rosenöl zugeben. Die heiße Masse in die vorbereiteten Gläser füllen. Die Gläser sofort verschließen und für 5 Minuten auf den Deckel stellen.

Apfel-
Zitronenthymian-
Gelee

Apfel-Zitronenthymian-Gelee

Für etwa 7 Gläser à 200 ml

- 1 kg Apfelsaft
- 500 g Zucker
- 14 g Apfelpektin
- 3 g frische Zitronenthymianblätter, klein geschnitten
- 5 g Zitronensäure

→ Den Apfelsaft aufkochen. 150 g Zucker mit Pektin mischen und gründlich unter den kochenden Saft rühren. Nach und nach den restlichen Zucker dazugeben.

→ Anschließend die klein geschnittenen Zitronenthymianblätter und die Zitronensäure dazugeben. 4 Minuten unter Rühren kochen.

→ Die heiße Masse in die vorbereiteten Gläser füllen. Die Gläser sofort verschließen und für 5 Minuten auf den Deckel stellen.

Waldbeeren-Rosen-Aufstrich

Für etwa 7 Gläser à 200 ml

- 1 kg gemischte Waldbeeren, z. B. Walderdbeeren, Brombeeren, Holunder (geputzt gewogen)
- 15 g Apfelpektin
- 450 g Zucker
- 5 g Zitronensäure
- 50 g frische, in Streifen geschnittene Rosenblütenblätter oder 50 ml Rosenwasser oder 1 Tropfen Rosenöl 50 %

→ Die Waldbeeren aufkochen. Das Pektin mit etwa 50 g Zucker gut vermischen. Mit einem Schneebesen in die kochenden Waldbeeren einrühren. Vorsicht, es kann Klumpen geben.

→ Wenn die Masse wieder kocht, den restlichen Zucker zufügen, aufkochen und 3 Minuten unter Rühren kochen lassen.

→ Die Zitronensäure und Rosenblütenblätter, Rosenwasser oder Rosenöl zugeben. Die heiße Masse in die vorbereiteten Gläser füllen. Die Gläser sofort verschließen und für 5 Minuten auf den Deckel stellen.

Bärlauchsenf

Für etwa 20 Gläser à 100 ml

- 700 g Wasser
- 35 g Zucker
- 45 g Salz
- 4 Lorbeerblätter
- 1 g Nelken
- 100 g Zwiebeln, geschält
- 700 ml Apfelessig
- 500 g gelbe Senfkörner
- 250 g braune Senfkörner
- 150 g frische Bärlauchblätter

→ Das Wasser mit Zucker, Salz, Lorbeerblättern, Nelken und Zwiebeln zum Kochen bringen und etwa 5 Minuten kochen.

→ Im Topf erkalten lassen. Den erkalteten Sud durch ein feines Sieb in ein großes Gefäß filtern. Den Apfelessig dazugeben.

→ Die Senfkörner in kleinen Portionen in einer sehr leistungsstarken Küchenmaschine mahlen. Sind die Portionen zu groß, dann erwärmen sich die Senfkörner. Dadurch kann der Senf bitter werden.

→ Das Senfmehl in den Gewürzsud rühren. Mindestens 1 Stunde stehen lassen. Nochmals in der Küchenmaschine mixen. Dadurch wird die Masse noch sämiger.

→ Den Bärlauch klein hacken und unter die Senfmasse rühren. Dann in Gläser abfüllen und verschließen.

Wildkräutersenf

Für etwa 20 Gläser à 100 ml

- 700 g Wasser
- 35 g Zucker
- 45 g Salz
- 4 Lorbeerblätter
- 1 g Nelken
- 100 g Zwiebeln, geschält
- 700 ml Apfelessig
- 500 g gelbe Senfkörner
- 250 g braune Senfkörner
- 200 g frische Wildkräuter (z. B. zu gleichen Teilen Bibernelle, Giersch, Schafgarbe, Spitzwegerich, Wiesenbärenklau)

→ Das Wasser mit Zucker, Salz, Lorbeerblättern, Nelken und Zwiebeln zum Kochen bringen und etwa 5 Minuten kochen. Im Topf erkalten lassen.

→ Den erkalteten Sud durch ein feines Sieb in ein großes Gefäß filtern. Den Apfelessig dazugeben.

→ Die Senfkörner in kleinen Portionen in einer sehr leistungsstarken Küchenmaschine mahlen. Sind die Portionen zu groß, dann erwärmen sich die Senfkörner. Dadurch kann der Senf bitter werden.

→ Das Senfmehl in den Gewürzsud rühren. Mindestens 1 Stunde stehen lassen. Nochmals in der Küchenmaschine mixen. Dadurch wird die Masse noch sämiger.

→ Zum Schluss die Kräuter klein hacken und unter die Senfmasse rühren. Dann in Gläser abfüllen und verschließen.

TIPP

Wildkräutersenf passt zu vielen herzhaften Gerichten als Aroma-Unterstützer. Beispielsweise zu Bratwurst, in einer Salatsoße oder als edle Senfkruste auf einem Rinderfilet.

Gierschsenf

Gierschsenf

Für etwa 20 Gläser à 100 ml

- 700 g Wasser
- 35 g Zucker
- 45 g Salz
- 4 Lorbeerblätter
- 1 g Nelken
- 100 g Zwiebeln, geschält
- 700 ml Apfelessig
- 500 g gelbe Senfkörner
- 250 g braune Senfkörner
- 150 g frische Gierschblätter

→ Das Wasser mit Zucker, Salz, Lorbeerblättern, Nelken und Zwiebeln zum Kochen bringen und etwa 5 Minuten kochen.

→ Im Topf erkalten lassen. Den erkalteten Sud durch ein feines Sieb in ein großes Gefäß filtern. Den Apfelessig dazugeben.

→ Die Senfkörner in kleinen Portionen in einer sehr leistungsstarken Küchenmaschine mahlen. Sind die Portionen zu groß, dann erwärmen sich die Senfkörner. Dadurch kann der Senf bitter werden.

→ Das Senfmehl in den Gewürzsud rühren. Mindestens 1 Stunde stehen lassen. Nochmals in der Küchenmaschine mixen. Dadurch wird die Masse noch sämiger.

→ Den Giersch klein hacken und unter die Senfmasse rühren. Dann in Gläser abfüllen und verschließen.

Wildkräuterpaste

Für etwa 28 Gläser à 100 ml

- 1 kg frische Wildkräuter (je 300 g Giersch, Spitzwegerich, Wiesenbärenklau sowie 100 g Springkrautsamen)
- 1,3 l Öl
- 500 g Walnüsse
- 12 g Salz

→ Die Wildkräuter zusammen mit dem Öl, den Nüssen und dem Salz klein hacken, mörsern oder mit dem Mixstab bzw. in der Küchenmaschine pürieren.

→ Die Paste in Gläser füllen und verschließen. Dabei darauf achten, dass Kräuter und Nüsse vollständig mit Öl bedeckt sind.

TIPP

Je nach Jahreszeit können unterschiedliche Kräuter verwendet werden. Das Öl sollte keinen allzu ausgeprägten Eigengeschmack haben.

Rosenchutney

Für etwa 9 Gläser à 200 ml

- 400 g Rote Bete, roh oder gekocht, geschält
- 200 g Zwiebeln, gewürfelt
- 1 TL Öl
- 30 g Knoblauch, klein gewürfelt
- 400 g Sauerkirschen
- 30 g Ingwer, gerieben
- ½ Chilischote, fein gehackt
- 300 ml Rotweinessig
- 20 g Salz
- 15 g Garam Masala (indische Gewürzmischung)
- 150 g Honig
- 300 g Zucker
- 12 g Apfelpektin
- 50 g frische, in Streifen geschnittene Rosenblüten oder 1 Tropfen Rosenblütenöl 50 %
- 3 g Zitronensäure

→ Die Rote Bete durch den Fleischwolf drehen.

→ Die Zwiebeln im Öl andünsten, Knoblauch dazugeben und mitdünsten. Sauerkirschen, rote Bete, Ingwer, Chili, 200 ml Essig, Salz, Garam Masala und Honig zugeben.

→ Alles 15–20 Minuten kochen lassen.

→ Zucker mit dem Pektin gut vermischen und zugeben. Noch 3 Minuten kochen lassen.

→ Zum Schluss den restlichen Essig, Blüten und Zitronensäure zugeben, alles kurz aufkochen.

→ Die heiße Masse in die vorbereiteten Gläser füllen. Die Gläser sofort verschließen und für 5 Minuten auf den Deckel stellen.

Tomaten im Kräutergarten

Für etwa 5 Gläser à 200ml

- 1 Zwiebel, klein geschnitten
- ½ Knoblauchzehe, klein geschnitten
- 1 EL Öl
- 1 EL Zucker
- 1 kg geschälte Tomaten
- Salz
- 1 Stängel Oregano
- 1 Stängel Thymian
- 1 Stängel Rosmarin
- 1 Handvoll Basilikum

→ Zwiebeln und Knoblauch im Öl erhitzen, bis sie glasig sind. Den Zucker dazugeben und karamellisieren lassen.

→ Dann die Tomaten in den Topf geben und salzen. Die Blätter von Oregano, Thymian und Rosmarin von den Stängeln zupfen, klein hacken und dazugeben.

→ Die Soße gut durchkochen, bis sie dicklich geworden ist. Je nachdem, ob die Tomaten wässrig sind oder fest, dauert das unterschiedlich lange.

→ Die Basilikumblätter klein schneiden und dazugeben. Die Soße sofort in Gläser oder Flaschen füllen und verschließen.

→ Damit die Soße länger haltbar ist, sollte sie bei 100 °C etwa 1 Stunde im Wasserbad erhitzt werden.

TIPP

Ein Klassiker für Nudeln aller Art, aber auch zum Verfeinern von Hackfleischgerichten geeignet. Die Soße kann auch noch mit frischem, angebratenem Gemüse verfeinert werden.

Kaki-Basilikum-Dip

Für etwa 7 Gläser à 200 ml

- 8 g Öl
- 150 g Zwiebeln
- 150 g Zucker
- 320 ml Weißwein
- 1 kg Kakis
- 18 g Salz
- 50 g Meerrettich
- 3 Handvoll Basilikumblätter

→ Öl in einem ausreichend großen Topf erhitzen. Die kleingeschnittenen Zwiebeln dazugeben und glasig andünsten. Den Zucker dazugeben und leicht karamellisieren lassen. Mit Weißwein ablöschen und einköcheln lassen.

→ Kleingeschnittene Kakis dazugeben und zerkochen lassen.

→ Mit Salz und geriebenem Meerrettich würzen. Die Masse mit dem Mixstab pürieren.

→ Zum Schluss die Basilikumblätter klein schneiden und dazugeben. Nicht mehr kochen. Den Dip sofort in die Gläser füllen, mit Deckel verschließen und für 5 Minuten auf den Kopf stellen.

Rosensenf

Rosensenf Marrakech

Für etwa 12 Gläser à 100 ml

- 70 g getrocknete Datteln
- 70 g getrocknete Feigen
- 70 g getrocknete Aprikosen
- 100 ml Orangensaft
- 200 g gelbe Senfkörner
- 100 g braune Senfkörner
- 180 ml 5%iger Weinessig
- 240 ml Wasser
- 100 g Rohrzucker
- 60 g Honig
- 40 g Salz
- ½ TL Chili
- 1 Tropfen Rosenöl 50 %

→ Datteln, Feigen und Aprikosen durch die mittlere Scheibe des Fleischwolfs drehen.

→ Dann mit dem Orangensaft kurz aufkochen. Dabei gut umrühren. Es muss eine breiartige Konsistenz entstehen. Wenn es zu fest ist, noch ein wenig Orangensaft zugeben.

→ Die Senfkörner sorgfältig sehr fein mahlen. Sie dürfen nicht zu warm werden. Notfalls immer wieder eine Pause machen.

→ Wenn der Obst-Brei abgekühlt ist, den gemahlenen Senf unterrühren. Alles gut mit den übrigen Zutaten vermischen, am besten mit einem Handrührgerät.

→ 2–3 Tage reifen lassen. Der Senf kann am Anfang noch fast flüssig sein, bei der Reifung quillt der Senf und erreicht nach ein paar Tagen seine endgültige Konsistenz. Wenn er zu fest geworden ist, noch etwas Orangensaft zugeben.

→ Abfüllen und verschließen.

Quitten-Thymian-Dip

Für etwa 8 Gläser à 200 ml

- 150 g Zwiebeln, klein geschnitten
- 8 ml Rapsöl
- 150 g Zucker
- 350 ml Weißwein
- 1 kg Quitten, in Stücke geschnitten
- 16 g Salz
- 3 g getrockneter Thymian

→ Die Zwiebeln in Rapsöl andünsten. Den Zucker dazugeben und karamellisieren.

→ Mit Wein ablöschen, Quittenstücke, Salz und Thymian dazugeben. Das Ganze einkochen, bis die Masse sämig wird.

→ Eventuell noch mit Salz abschmecken. Die heiße Masse in die vorbereiteten Gläser füllen. Die Gläser sofort verschließen und für 5 Minuten auf den Deckel stellen.

Basilikum-
sirup

Flüssiger Genuss

So gelingt Sirup, die Grundlage für viele selbst gemachte Getränke: Frisch gepflückte Blätter oder Blüten falls nötig von Stängeln bzw. Kelchblättern trennen und gut verlesen. Dann in eine Schüssel geben und abgekochtes Wasser darüber gießen. Zugedeckt über Nacht stehen lassen. Am nächsten Tag alles über ein Tuch absieben. Auf 1 Liter Saft 1 Kilo Zucker und den Saft einer Zitrone zugeben.
Bei geringer Temperatur langsam erhitzen. Die sich bildende Haut abschöpfen.
So lange köcheln, bis die richtige Konsistenz erreicht ist. Den Sirup in sterile Flaschen füllen und gut verschließen.

Waldmeister

Waldmeistersirup

Für etwa 6–8 Flaschen à 250 ml

- 18–20 Stiele frischer Waldmeister
- 1 kg Zucker
- 1,5 l Wasser
- 2 Bio-Limetten, in Scheiben geschnitten
- 30 g Zitronensäure

→ Den frischen Waldmeister abspülen und etwa 6 Stunden auf einem trockenen Tuch anwelken lassen.

→ Den Zucker mit dem Wasser aufkochen, bis sich der Zucker aufgelöst hat. Dann die Flüssigkeit erkalten lassen.

→ Den Waldmeister mit den Limettenscheiben und der Zitronensäure in einen Steinguttopf geben, mit dem Zuckersirup übergießen und gut umrühren. Den Deckel auflegen und für 1 bis maximal 2 Tage kühl stellen. Täglich ein- bis zweimal umrühren.

→ Nun die Flüssigkeit abseihen, kurz aufkochen und heiß in die vorbereiteten Flaschen füllen. Sofort verschließen und die Flaschen kurz auf den Deckel stellen.

Fliedersirup

Für etwa 6–8 Flaschen à 250 ml

- 10–12 Blütendolden weißer Flieder
- 1 kg Zucker
- 1,5 l Wasser
- 2 Bio-Zitronen, in Scheiben geschnitten
- 30 g Zitronensäure

→ Die Blüten von den Stielen abschneiden, dabei sollte möglichst wenig von den Stielen an den Blüten verbleiben. Die Blüten dann vorsichtig kurz abspülen und auf einem Tuch trocknen lassen.

→ Den Zucker mit dem Wasser aufkochen, bis sich der Zucker aufgelöst hat. Dann die Flüssigkeit erkalten lassen.

→ Die Blüten grob zerkleinern und mit den Zitronenscheiben und der Zitronensäure in einen Steinguttopf geben, mit dem Zuckersirup übergießen und gut umrühren. Den Deckel auflegen und für 4–5 Tage kühl stellen. Täglich ein- bis zweimal umrühren.

→ Dann die Flüssigkeit abseihen, kurz aufkochen und heiß in die vorbereiteten Flaschen füllen. Sofort verschließen und die Flaschen kurz auf den Deckel stellen.

Blaue Blüten – dunkler Sirup

Der Sirup kann auch mit blauen Fliederblüten zubereitet werden. Die blaue Farbe überträgt sich dabei aber leider nicht. Der Sirup wird nur etwas dunkler.

Kastanien-
blüten-
sirup
Kastanien-
blüten-
sirup

Kastanienblütensirup

Für etwa 6–8 Flaschen à 250 ml

- 10–12 weiße oder rote Kastanien-Blütenkerzen
- 1 kg Zucker
- 1,5 l Wasser
- 2 Bio-Zitronen
- 30 g Zitronensäure

→ Die Blüten von den Stielen abschneiden, dabei sollte möglichst wenig von den Stielen an den Blüten verbleiben. Die Blüten dann vorsichtig kurz abspülen und auf einem Tuch trocknen lassen.

→ Den Zucker mit dem Wasser aufkochen, bis sich der Zucker aufgelöst hat. Dann die Flüssigkeit erkalten lassen.

→ Die Blüten grob zerkleinern und mit den Zitronenscheiben und der Zitronensäure in einen Steinguttopf geben, mit dem Zuckersirup übergießen und gut umrühren. Den Deckel auflegen und für 4–5 Tage kühl stellen. Täglich ein- bis zweimal umrühren.

→ Dann die Flüssigkeit abseihen, kurz aufkochen und heiß in die vorbereiteten Flaschen füllen. Sofort verschließen und die Flaschen kurz auf den Deckel stellen.

Springkrautsirup

Für etwa 6–8 Flaschen à 250 ml

- 1,5 l Wasser
- 1 kg Zucker
- 30 g Zitronensäure
- 5 Handvoll rosa Blüten vom Indischen Springkraut
- 2 Bio-Limetten, in Scheiben

→ Das Wasser mit dem Zucker und der Zitronensäure zu einem Sirup kochen.

→ Die Blüten dazugeben. Die Limettenscheiben ebenfalls dazugeben. 2–3 Tage kühl stellen. Gelegentlich umrühren.

→ Den Ansatz durch ein Mulltuch gießen, sodass die Blüten und Limettenscheiben im Tuch bleiben. Kurz aufkochen und heiß in die vorbereiteten Flaschen füllen. Sofort verschließen und die Flaschen kurz auf den Deckel stellen.

Guter Nebeneffekt

Mit diesem Sirup tragen Sie ein wenig dazu bei, dass das Springkraut eingedämmt wird.

Mädesüßsirup
Mädesüßsirup

Mädesüßsirup

Für etwa 6–8 Flaschen à 250 ml

- 15–18 doldenähnliche Blütenstände von Mädesüß
- 1 kg Zucker
- 1,5 l Wasser
- 2 Bio-Limetten, in Scheiben
- 30 g Zitronensäure

→ Die Blüten von den Stielen abschneiden, dabei sollte möglichst wenig von den Stielen an den Blüten verbleiben. Die Blüten dann vorsichtig kurz abspülen und auf einem Tuch trocknen lassen.

→ Den Zucker mit dem Wasser aufkochen, bis sich der Zucker aufgelöst hat. Dann die Flüssigkeit erkalten lassen.

→ Die Blüten mit den Limettenscheiben und der Zitronensäure in einen Steinguttopf geben, mit dem Zuckersirup übergießen und gut umrühren. Den Deckel auflegen und für 4–5 Tage kühl stellen. Täglich ein- bis zweimal umrühren.

→ Dann die Flüssigkeit abseihen, kurz aufkochen und heiß in die vorbereiteten Flaschen füllen. Sofort verschließen und die Flaschen kurz auf den Deckel stellen.

Pfefferminzsirup

Für etwa 6–8 Flaschen à 250 ml

- 4 Gefäße von je 1 l Fassungsvermögen, gefüllt mit frischen Pfefferminzblättern (ohne Stängel)
- 1,5 l Wasser
- 1700 g Zucker

→ Die Pfefferminzblättchen kurz abspülen und auf einem Tuch trocknen lassen.

→ Pfefferminzblätter aus 2 Gefäßen zusammen mit dem Wasser aufkochen und 15 Minuten ziehen lassen.

→ Den Sud abseihen, die Kräuter gut ausdrücken. Den Sud mit den restlichen Pfefferminzblättern erneut aufkochen und ebenfalls 15 Minuten ziehen lassen.

→ Danach den Sud wieder abseihen, die Kräuter gut ausdrücken und mit heißem Wasser auf 1,5 Liter auffüllen. Das Ganze kurz aufwallen lassen, dann den Zucker zugeben und in der heißen Flüssigkeit auflösen.

→ Den Sirup heiß in die vorbereiteten Flaschen füllen. Sofort verschließen und die Flaschen kurz auf den Deckel stellen.

TIPP

Besonders im Sommer eine herrliche Erfrischung: Den Sirup mit Sprudelwasser aufgießen.

Basilikum-
sirup

Basilikumsirup

Für etwa 6 Flaschen à 250 ml

- 3 Bund Basilikum
- 6 Bio-Zitronen
- 1 kg Zucker
- 1 l Wasser

Süße Erdbeeren

Anstatt Erdbeeren zu zuckern, kann man ihr Aroma mit diesem Sirup verfeinern.

→ Das Basilikum waschen, trocken schütteln und die Blätter von den Stängeln streifen.

→ Die Schale von den Zitronen abreiben, 3 Zitronen auspressen.

→ In einem Topf den Zucker mit dem Wasser aufkochen, dabei gelegentlich umrühren. Wenn sich der Zucker aufgelöst hat, die Basilikumblätter, die Zitronenschale und den Zitronensaft hinzugeben, den Topf vom Herd ziehen. Noch einmal umrühren und das Ganze abgedeckt über Nacht ziehen lassen.

→ Am nächsten Tag den Sirup durch ein Tuch abseihen und das Basilikum gut ausdrücken.

→ Den Sirup erneut kurz aufkochen und dann heiß in die vorbereiteten Flaschen füllen. Sofort verschließen und die Flaschen kurz auf den Deckel stellen.

Hibiskussirup

Für etwa 6 Flaschen à 250 ml

- 35 g getrocknete Hibiskusblüten
- 1 l Wasser
- 500 g Zucker
- Saft von ½ Zitrone
- etwas gemahlene Vanille

→ Die Blüten etwa 30 Minuten im Wasser einweichen, dann das Ganze aufkochen. Zugedeckt über Nacht ziehen lassen.

→ Am nächsten Tag den Sud durch ein Tuch abseihen, die Blüten gut ausdrücken.

→ Den Zucker, den Zitronensaft und die Vanille zugeben und das Ganze erhitzen, bis sich der Zucker vollständig aufgelöst hat.

→ Den Sirup heiß in die vorbereiteten Flaschen füllen. Sofort verschließen und die Flaschen kurz auf den Deckel stellen.

Blumige Bowle

Die Sommerbowle bekommt durch den Hibiskussirup einen besonderen Pfiff. Sehr elegant sieht es auch aus, wenn Hibiskusblüten in der Bowle schwimmen.

Zitronenmelissen-
likör

Zitronenmelissenlikör

Für etwa 13 Flaschen à 200 ml
Reifezeit: 5 Wochen

- 250 g frische Melissenblätter
- 1 l Alkohol (40 %)
- 420 ml Wasser
- 1 Prise Zitronensäure
- 1 kg Zucker

→ Die Melissenblätter vorsichtig mit der Schere von den Stängeln abschneiden. Blätter in ein großes Gefäß geben und mit dem Alkohol übergießen. Diesen Ansatz zugedeckt etwa 4 Wochen stehen lassen.

→ Das Wasser erhitzen, Zitronensäure und Zucker unter ständigem Rühren dazugeben und aufkochen. Etwa 15 Minuten kochen, bis ein Sirup entsteht. Schaum mit einer Schaumkelle entfernen.

→ Den Sirup durch ein Tuch in einen Messbecher gießen. Die Menge sollte 1 Liter betragen. Falls es zu wenig ist, gießen Sie abgekochtes Wasser dazu.

→ Aus dem alkoholischen Ansatz die Melissenblätter entfernen. 750 ml des erkalteten Invertzuckers zum Ansatz geben und gründlich verrühren. Eventuell weiteren Sirup dazugeben. Den Likör in die vorbereiteten Flaschen abfüllen.

Himbeer-Pfefferminz-Likör

Für etwa 15 Flaschen à 200 ml
Reifezeit: 5 Wochen

- 500 g Himbeeren
- 50 g frische Pfefferminzblätter
- 1 l Alkohol (40 %)
- 420 ml Wasser
- 1 kg Zucker
- 1 Prise Zitronensäure

→ Die Himbeeren zusammen mit den Pfefferminzblättern in ein großes Gefäß geben. Alkohol über die Beeren und Blätter gießen. Etwa 4 Wochen zugedeckt stehen lassen, anfangs täglich schütteln. Nach einer Woche genügt ein wöchentliches Schütteln.

→ Den Beerenansatz durch ein Tuch seihen.

→ Aus Wasser, Zucker und Zitronensäure einen Invertzucker zubereiten (siehe Rezept Zitronenmelissenlikör) und erkalten lassen.

→ Den Sirup durch ein Tuch in einen Messbecher gießen. Die Menge sollte 1 Liter betragen. Falls es zu wenig ist, gießen Sie abgekochtes Wasser dazu.

→ 750 ml des erkalteten Invertzuckers zum alkoholischen Ansatz geben und gründlich verrühren. Wenn es nicht süß genug schmeckt, noch weiteren Invertzucker dazugeben. Dann den Likör in Flaschen abfüllen.

Basilikum

Basilikumlikör

Für etwa 14 Flaschen à 200 ml

- 300 g frische Basilikumblätter und evtl. -blüten
- 1 l Alkohol (40 %)
- 420 ml Wasser
- 1 Prise Zitronensäure
- 1 kg Zucker

→ Die Basilikumblätter und -blüten von den Stängeln abzupfen. Die Pflanzenteile in ein ausreichend großes Gefäß geben und mit dem Alkohol übergießen. Diesen Ansatz zugedeckt etwa 3 Wochen stehen lassen. Anschließend durch ein Tuch abfiltern.

→ Das Wasser erhitzen und Zitronensäure dazugeben. Den Zucker unter ständigem Rühren dazugeben und aufkochen. Etwa 15 Minuten kochen, bis ein Sirup entsteht. Eventuell entstehenden Schaum mit einer Schaumkelle entfernen.

→ Den Sirup durch ein Tuch in einen Messbecher gießen. Die Menge sollte 1 Liter betragen. Falls es zu wenig ist, gießen Sie abgekochtes Wasser dazu.

→ 750 ml des erkalteten Invertzuckers zum alkoholischen Ansatz geben und gründlich verrühren. Wenn es nicht süß genug schmeckt, noch weiteren Invertzucker dazugeben. Dann den Likör in die vorbereiteten Flaschen abfüllen.

Königskerzenlikör

Für etwa 13 Flaschen à 200 ml

- 250 g frische Königskerzenblüten
- 1 l Alkohol (40 %)
- 420 ml Wasser
- 1 Prise Zitronensäure
- 1 kg Zucker

→ Die Königskerzenblüten von den Stängeln abzupfen, in ein ausreichend großes Gefäß geben und mit dem Alkohol übergießen. Den Ansatz zugedeckt etwa 4 Wochen an einen warmen, nicht zu sonnigen Platz stellen.

→ Das Wasser erhitzen und Zitronensäure dazugeben. Den Zucker unter ständigem Rühren dazugeben und aufkochen. Etwa 15 Minuten kochen, bis ein Sirup entsteht. Eventuell entstehenden Schaum mit einer Schaumkelle entfernen.

→ Den Sirup durch ein Tuch in einen Messbecher gießen. Die Menge sollte 1 Liter betragen. Falls es zu wenig ist, gießen Sie abgekochtes Wasser dazu.

→ 750 ml des erkalteten Invertzuckers zum alkoholischen Ansatz geben und gründlich verrühren. Wenn es nicht süß genug schmeckt, noch weiteren Invertzucker dazugeben. Dann den Likör in die vorbereiteten Flaschen abfüllen.

Winter-
Haustee

Winter-Haustee

Für insgesamt 1 kg Teemischung

- 250 g getrocknete Brombeerblätter
- 250 g getrocknete Himbeerblätter
- 250 g getrocknete Erdbeerblätter
- 125 g getrockneter Thymian
- 125 g getrocknete Spitzwegerichblätter

→ Die frischen und jungen Brombeer-, Himbeer- sowie Erdbeerblätter und den Thymian auf einem Trockengestell oder auf Mulltüchern trocknen. Die Spitzwegerichblätter an einer Schnur auffädeln und so trocknen. Die Kräuter müssen ganz durchgetrocknet sein (Raschelprobe durchführen). Falls die Kräuter nicht selbst getrocknet werden, die notwendige Menge bei einem Kräuterhändler des Vertrauens einkaufen.

→ Die Spitzwegerichblätter eventuell vorsichtig etwas zerkleinern, den Thymian abrebeln. Alles zusammen in einer großen Schüssel gründlich mischen oder in einen frisch gewaschenen Kopfkissenbezug füllen und gründlich verschütteln.

→ Nun die fertige Teemischung in Gefäße bzw. Tüten füllen.

Abwehrstärkender Tee

Für insgesamt 1 kg Teemischung

- 300 g getrocknete Lindenblüten
- 250 g getrocknete Holunderblüten
- 300 g getrocknete Hagebutten
- 150 g getrocknete Orangenschalen, in Stücken

→ Die Linden- und Holunderblüten auf einem Trockengestell oder auf Mulltüchern trocknen. Die Hagebutten und Orangenschalen ebenso trocknen. Die Blüten bzw. Früchte oder Fruchtschalen müssen ganz durchgetrocknet sein (Raschelprobe durchführen), wobei die Blüten schneller durchgetrocknet sind als die Früchte und Fruchtschalen. Falls die Teezutaten nicht selbst getrocknet werden, die notwendige Menge bei einem Kräuterhändler des Vertrauens einkaufen.

→ Die Blütenstände eventuell vorsichtig etwas zerkleinern und alles zusammen in einer großen Schüssel gründlich mischen oder in einen frisch gewaschenen Kopfkissenbezug füllen und gründlich verschütteln.

→ Nun die fertige Teemischung in Gefäße bzw. Tüten füllen.

Hustentee

Hustentee

Für insgesamt 1 kg Teemischung

- 200 g getrocknete Schlüsselblumen mit Kelch
- 200 g getrocknete Gänseblümchenblüten
- 100 g getrocknete Veilchenblüten
- 300 g Fenchelsamen
- 200 g getrocknete Spitzwegerichblätter

→ Die frischen Blüten (Achtung: Die echte Schlüsselblume steht unter Naturschutz, also aus dem eigenen Garten ernten.) und die Fenchelsamen auf einem Trockengestell oder auf Mulltüchern trocknen. Die Spitzwegerichblätter an einer Schnur auffädeln und so trocknen. Die Kräuter müssen ganz durchgetrocknet sein (Raschelprobe durchführen). Falls die Kräuter nicht selbst getrocknet werden, die notwendige Menge bei einem Kräuterhändler des Vertrauens einkaufen.

→ Die Spitzwegerichblätter eventuell vorsichtig etwas zerkleinern, mit den Blüten und den Fenchelsamen in eine große Schüssel geben und gründlich mischen.

→ Nun die fertige Teemischung in Gefäße bzw. Tüten füllen.

TIPP

Die Fenchelsamen können vor dem Vermischen angemörsert werden, damit sie ihre wertvollen Inhaltsstoffe beim Aufbrühen schneller abgeben. Dadurch verringert sich jedoch die Dauer der Haltbarkeit.

Schwitztee

Für insgesamt 1 kg Teemischung

- 335 g getrocknete Lindenblüten
- 335 g getrocknete Kamillenblüten
- 335 g getrocknete Spitzwegerichblätter

→ Die frischen Blüten auf einem Trockengestell oder auf Mulltüchern trocknen. Die Spitzwegerichblätter an einer Schnur auffädeln und so trocknen. Die Kräuter müssen ganz durchgetrocknet sein (Raschelprobe durchführen). Falls die Kräuter nicht selbst getrocknet werden, die notwendige Menge bei einem Kräuterhändler des Vertrauens einkaufen.

→ Die Spitzwegerichblätter eventuell vorsichtig etwas zerkleinern und zusammen mit den Blüten in einer großen Schüssel gründlich mischen.

→ Nun die fertige Teemischung in Gefäße bzw. Tüten füllen.

Erkältungs-
tee

Erkältungstee

Für insgesamt 1 kg Teemischung

- 250 g getrocknete Holunderblüten
- 250 g getrocknete Kamillenblüten
- 250 g getrockneter Thymian
- 250 g getrocknete Spitzwegerichblätter

→ Die frischen Blüten und den Thymian auf einem Trockengestell oder auf Mulltüchern trocknen. Die Spitzwegerichblätter an einer Schnur auffädeln und so trocknen. Die Kräuter müssen ganz durchgetrocknet sein (Raschelprobe durchführen). Falls die Kräuter nicht selbst getrocknet werden, die notwendige Menge bei einem Kräuterhändler des Vertrauens einkaufen.

→ Die Spitzwegerichblätter eventuell vorsichtig etwas zerkleinern, den Thymian abrebeln. Alles zusammen in einer großen Schüssel gründlich mischen oder in einen frisch gewaschenen Kopfkissenbezug füllen und gründlich verschütteln.

→ Nun die fertige Teemischung in Gefäße bzw. Tüten füllen.

Tut-dem-Bauch-gut-Tee

Für insgesamt 1 kg Teemischung

- 200 g getrocknete Malvenblüten
- 200 g getrocknete Kamillenblüten
- 200 g getrocknete Ringelblumen
- 200 g getrocknetes Gänsefingerkraut
- 200 g Fenchelsamen

→ Die frischen Blüten und Kräuter auf einem Trockengestell oder auf Mulltüchern trocknen. Die Kräuter müssen ganz durchgetrocknet sein (Raschelprobe durchführen). Falls die Teezutaten nicht selbst getrocknet werden, die notwendige Menge bei einem Kräuterhändler des Vertrauens einkaufen.

→ Das Gänsefingerkraut eventuell vorsichtig etwas zerkleinern.

→ Die Blüten zusammen mit den Fenchelsamen und dem Gänsefingerkraut in einer großen Schüssel gründlich mischen oder in einen frisch gewaschenen Kopfkissenbezug füllen und gründlich verschütteln.

→ Nun die fertige Teemischung in Gefäße bzw. Tüten füllen.

Lebensfreudetee

Lebensfreude-Tee

Für insgesamt 1 kg Teemischung

- 250 g getrocknetes Johanniskraut
- 250 g getrocknete Ringelblumenblüten
- 150 g getrocknete Königskerzenblüten
- 150 g getrocknete Kornblumenblüten
- 100 g getrockneter Maisbart
- 100 g getrocknete Holunderblüten

→ Die frischen Blüten und Kräuter auf einem Trockengestell oder auf Mulltüchern trocknen. Die Kräuter müssen ganz durchgetrocknet sein (Raschelprobe durchführen). Falls die Teezutaten nicht selbst getrocknet werden, die notwendige Menge bei einem Kräuterhändler des Vertrauens einkaufen.

→ Die Blüten zusammen mit den Kräutern in einer großen Schüssel gründlich mischen oder in einen frisch gewaschenen Kopfkissenbezug füllen und gründlich verschütteln.

→ Nun die fertige Teemischung in Gefäße bzw. Tüten füllen.

Herztee

Für insgesamt 1 kg Teemischung

- 300 g getrocknete Weißdornblüten und -blätter
- 200 g getrocknetes Herzgespann
- 150 g getrocknete Rosenblüten
- 100 g getrocknete Orangenblüten
- 150 g getrocknete Melisse
- 100 g Fenchelsamen

→ Die frischen Blüten und Kräuter auf einem Trockengestell oder auf Mulltüchern trocknen. Die Kräuter müssen ganz durchgetrocknet sein (Raschelprobe durchführen). Falls die Teezutaten nicht selbst getrocknet werden, die notwendige Menge bei einem Kräuterhändler des Vertrauens einkaufen.

→ Die Melissenblätter vorsichtig abrebeln. Die Blüten zusammen mit den Kräutern und den Fenchelsamen in einer großen Schüssel gründlich mischen oder in einen frisch gewaschenen Kopfkissenbezug füllen und gründlich verschütteln.

→ Nun die fertige Teemischung in Gefäße bzw. Tüten füllen.

Entspannungstee
Entspannungstee

Entspannungstee

Für insgesamt 1 kg Teemischung

- 250 g getrocknete Lindenblüten
- 250 g getrocknete Lavendelblüten
- 250 g getrocknete Melisse
- 250 g getrocknete Hopfenzapfen

→ Die frischen Blüten und Kräuter auf einem Trockengestell oder auf Mulltüchern trocknen. Die Kräuter müssen ganz durchgetrocknet sein (Raschelprobe durchführen). Falls die Teezutaten nicht selbst getrocknet werden, die notwendige Menge bei einem Kräuterhändler des Vertrauens einkaufen.

→ Die Melissenblätter vorsichtig abrebeln, die Hopfenzapfen eventuell etwas zerkleinern. Die Blüten zusammen mit den Kräutern in einer großen Schüssel gründlich mischen oder in einen frisch gewaschenen Kopfkissenbezug füllen und gründlich verschütteln.

→ Nun die fertige Teemischung in Gefäße bzw. Tüten füllen.

Gewürztee

Für insgesamt 1 kg Teemischung

- 200 g getrocknete Melisse
- 100 g getrocknete Pfefferminze
- 250 g getrocknete Himbeerblätter
- 250 g getrocknete Erdbeerblätter
- 200 g getrocknete Orangenblüten
- 10 Stück Sternanis

→ Die frischen Kräuter und Blüten auf einem Trockengestell oder auf Mulltüchern trocknen. Die Kräuter müssen ganz durchgetrocknet sein (Raschelprobe durchführen). Falls die Teezutaten nicht selbst getrocknet werden, die notwendige Menge bei einem Kräuterhändler des Vertrauens einkaufen.

→ Die Melissen- und Pfefferminzblätter vorsichtig abrebeln, den Sternanis zerbröseln. Die Blüten zusammen mit den Kräutern und dem Sternanis in einer großen Schüssel gründlich mischen oder in einen frisch gewaschenen Kopfkissenbezug füllen und gründlich verschütteln.

→ Nun die fertige Teemischung in Gefäße bzw. Tüten füllen.

TIPP

Statt Sternanis können der Teemischung auch zerkleinerte Zimtstangen zugesetzt werden.

Kosmetikrezepte

Die Haltbarkeit der Kosmetika in diesem Kapitel ist rezeptabhängig, je größer die wässrige Phase, desto kürzer ist die Haltbarkeit. In der Regel dient Alkohol in der Naturkosmetik als Konservierer. Ätherische Öle können die Haltbarkeit verlängern. Bei wasserfreien Rezepturen (Pflegeöl) bestimmt das ausgewählte Öl die jeweilige Haltbarkeit. Trockene Rezepturen (Badesalz, Puder) sind lange haltbar. Um die Keimbelastung gering zu halten, ist sauberes Arbeiten (Desinfizieren von Arbeitsfläche, Händen und Utensilien) notwendig.

Körper-
peeling

Aromatisches Körperpeeling

Für 20 Gefäße à 50 ml

- 1 kg feines Meersalz
- 320 ml Mandel- oder Sonnenblumenöl
- 15 Tropfen ätherisches Wacholderöl
- 15 Tropfen ätherisches Zypressenöl
- 5 Tropfen ätherisches Karottensamenöl

→ In einer großen Schüssel zuerst das Meersalz abwiegen. Das ausgewählte Öl abmessen, die ätherischen Öle mit hinzugeben und gut verrühren.

→ Jetzt die Ölmischung zum Meersalz geben und alles gut vermischen. Das Salz muss vollkommen vom Öl durchtränkt sein, aber die Masse darf auch nicht zu flüssig werden. Bei Bedarf etwas mehr Öl zufügen.

→ Nun die fertige Peelingmasse gleichmäßig auf die 20 Gefäße verteilen.

Belebend oder stimmungsaufhellend

Als Variation können statt der im Rezept aufgeführten ätherischen Öle, die belebend und stoffwechselanregend wirken, auch stimmungsaufhellende Düfte gewählt werden: z. B. jeweils 25 Tropfen ätherisches Orangen- und Grapefruitöl sowie 10 Tropfen Mandarinen- oder Neroliöl.

Belebendes Körperpeeling mit Kaffee

Für 20 Gefäße à 50 ml

- 1 kg feines Meersalz
- 100 g gemahlener Kaffee
- 500 ml Mandel- oder Sonnenblumenöl

→ In eine große Schüssel zuerst das Meersalz und den Kaffee geben und gut vermischen.

→ Das ausgewählte Öl zur Meersalz-Kaffee-Mischung geben und alles gut verrühren. Die Mischung muss vollkommen vom Öl durchtränkt sein, darf aber auch nicht zu flüssig werden. Bei Bedarf etwas mehr Öl zufügen.

→ Nun die fertige Peelingmasse gleichmäßig auf die 20 Gefäße verteilen.

TIPP

Auf Wunsch können dem Pflanzenöl vor dem Verrühren mit der Meersalz-Kaffee-Mischung noch 20–25 Tropfen ätherisches Öl, z. B. Kakao oder Tonkabohnen, zugegeben werden.

Traubenkern-
peeling

Traubenkernpeeling

Für 20 Gefäße à 50 ml

- 400 g Traubenkerne
- 400 g feines Meersalz
- 600 ml Traubenkern- oder Mandelöl

→ Die Traubenkerne im Mixer zu einem feinkörnigen Pulver vermahlen. Nun das Meersalz hinzufügen und gut vermengen.

→ Das ausgewählte Öl zur Traubenkern-Meersalz-Mischung geben und alles gut verrühren. Die Mischung muss vollkommen vom Öl durchtränkt sein, aber die Masse darf auch nicht zu flüssig werden. Bei Bedarf etwas mehr Öl zufügen.

→ Nun die fertige Peelingmasse gleichmäßig auf die 20 Gefäße verteilen.

Mit Duft

Auf Wunsch können dem Pflanzenöl vor dem Verrühren mit der Traubenkern-Meersalz-Mischung noch 20-25 Tropfen ätherisches Öl, z. B. Lavendel oder Muskatellersalbei, zugegeben werden.

Orangenblüten-Meersalz-Körperpeeling

Für 20 Gefäße à 50 ml

- 100 g getrocknete Orangenblüten
- 1 kg feines Meersalz
- 320 ml Mandel- oder Sesamöl

→ Die getrockneten Orangenblüten mörsern oder auf andere Art zerkleinern. Dann das Meersalz dazu geben und beides gut vermengen.

→ Das ausgewählte Öl zur Orangenblüten-Meersalz-Mischung geben und alles gut vermischen. Die Mischung muss vollkommen vom Öl durchtränkt sein, aber die Masse darf auch nicht zu flüssig werden. Bei Bedarf etwas mehr Öl zufügen.

→ Nun die fertige Peelingmasse gleichmäßig auf die 20 Gefäße verteilen.

Noch mehr Duft!

Für ein intensiveres Dufterlebnis können dem Pflanzenöl vor dem Verrühren mit der Orangenblüten-Meersalz-Mischung noch 35–40 Tropfen ätherisches Öl, z. B. Neroli, zugegeben werden.

Entspannendes Kamillenbadesalz

Für 20 hübsche Glasgefäße à 250 ml

100 g–140 g getrocknete Kamillenblütenköpfe

4 kg grobes Meersalz oder Totes-Meer-Badesalz

80 Tropfen ätherisches Kamillenöl

80 Tropfen ätherisches Fenchelöl

→ Die getrockneten Kamillenblütenköpfe sichten und möglichst intakte Blütenköpfchen auswählen.

→ Das Meersalz oder das Tote-Meer-Badesalz in eine große Schüssel mit Deckel füllen und das ausgewählte ätherische Öl darauf träufeln. Den Deckel schließen und die Masse nun gründlich verschütteln, um das Salz gut mit dem ätherischen Öl zu durchtränken.

→ Zum Schluss die getrockneten Kamillenblütenköpfchen vorsichtig unterrühren.

→ Nun das fertige Badesalz gleichmäßig auf die 20 Gefäße verteilen.

Helles Grün

Auf Wunsch kann das Meer- bzw. Totes-Meer-Badesalz vor dem Beduften mit grüner Lebensmittelfarbe oder Spinatpulver leicht grünlich eingefärbt werden.

Pflegender Lipgloss

Für 20 kleine Döschen aus Glas oder Kunststoff à 10 ml

180 g Rizinusöl

20 Tropfen ätherisches Lavendelöl oder 30 Tropfen ätherisches Orangenöl

10 g Bienenwachs

→ In das Rizinusöl das ausgewählte ätherische Öl geben und gut verrühren.

→ Das Bienenwachs im Wasserbad langsam schmelzen lassen.

→ Von der Herdplatte nehmen, die Mischung aus Rizinusöl und ätherischem Öl zugeben und gut verrühren.

→ Die Masse gleichmäßig in die sauberen Döschen abfüllen. Erst nach dem vollständigen Abkühlen die Döschen verschließen.

Schöner Glitzereffekt

Vor dem Abfüllen kann der warmen Masse unter Rühren noch eine Messerspitze Kosmetik-Farbglanzpigmente zugegeben werden, um einen leichten Glitzereffekt zu erreichen.

Besänftigendes Rosenbadesalz

Für 20 hübsche Glasgefäße à 250 ml

- 100–140 g getrocknete rote Rosenblütenblätter
- 4 kg grobes Meersalz oder Totes-Meer-Badesalz
- 160 Tropfen ätherisches Rosengeranien- oder Palmarosaöl

→ Die getrockneten Rosenblütenblätter mörsern oder auf andere Art zerkleinern. Das Meersalz oder das Tote-Meer-Badesalz in eine große Schüssel mit Deckel füllen und das ausgewählte ätherische Öl darauf träufeln. Den Deckel schließen und die Masse nun gründlich verschütteln, um das Salz gut mit dem ätherischen Öl zu durchtränken.

→ Zum Schluss die zerkleinerten Rosenblütenblätter unterrühren.

→ Nun das fertige Badesalz gleichmäßig auf die 20 Gefäße verteilen.

Zartes Rosa

Auf Wunsch kann das Meer- bzw. Totes-Meer-Badesalz vor dem Beduften mit roter Lebensmittelfarbe oder Rote-Bete-Pulver leicht rosa eingefärbt werden.

Algen-
Meersalzbad

Algen-Meersalzbad

Für 20 hübsche Glasgefäße à 250 ml

- 4 kg grobes Meersalz oder Totes-Meer-Badesalz
- 35 Tropfen ätherisches Zedernöl
- 35 Tropfen ätherisches Zypressenöl
- 35 Tropfen ätherisches Wacholderöl
- 55 Tropfen ätherisches Zitronenöl
- 300–400 g Braunalgenpulver

→ Das Meersalz oder das Tote-Meer-Badesalz in eine große Schüssel mit Deckel füllen und die ätherischen Öle darauf träufeln. Den Deckel schließen und die Masse nun gründlich verschütteln, um das Salz gut mit dem ätherischen Öl zu durchtränken.

→ Zum Schluss das Braunalgenpulver untermischen.

→ Nun das fertige Badesalz gleichmäßig auf die 20 Gefäße verteilen.

Für mehr Grün

Auf Wunsch kann die Farbe des Badesalzes mit grüner Lebensmittelfarbe intensiver gestaltet werden.

Orangen-Bademilch

Für 20 hübsche Glasgefäße à 180 ml

- 800 g feines Meersalz
- 900 g Milchpulver
- 200 g Maisstärke
- 50 g Heilkreide
- 400 Tropfen ätherisches Orangenöl
- 180 Tropfen ätherisches Neroliöl
- 40 Tropfen ätherisches Rosmarinöl

→ In eine große Schüssel mit Deckel zuerst das Meersalz, das Milchpulver, die Maisstärke und die Heilkreide geben und alles gut mischen.

→ Die ätherischen Öle darauf träufeln. Den Deckel schließen und die Masse nun gründlich schütteln, um das Salz gut mit dem ätherischen Öl zu durchtränken.

→ Nun die fertige Bademilch gleichmäßig auf die 20 Gefäße verteilen.

Blüten als Extra

Auf Wunsch können unter die Bademilch zum Schluss noch getrocknete Orangenblüten gemischt werden.

Lavendel-
Badekugel

Lavendel-Badekugeln

Für 10–12 Badekugeln (je nach gewünschter Größe)

- 330 g Natron
- 160 g Zitronensäure
- 80 g Maisstärke
- 100 g Kokosöl
- 20 g Mandelöl
- 10 g ätherisches Lavendelöl
- etwas lila Seifenfarbe
- Badebombenformen in gewünschter Größe

→ In eine große Schüssel zuerst das Natron mit der Zitronensäure und der Maisstärke geben und gut vermischen.

→ Das Kokosöl im Wasserbad langsam schmelzen, vom Herd nehmen, das Mandelöl hinzufügen und gut verrühren.

→ Nun die Ölmischung in die Pulvermischung geben, das ätherische Öl und die Seifenfarbe zugeben und alles gut verkneten. Die Konsistenz sollte sich wie nasser Sand anfühlen.

→ Die Masse in die Badebombenformen drücken, anschließend vorsichtig aus der Form lösen und zum Aushärten kühl stellen.

Duschbutter

Für 10–12 kleine Silikonformen (z. B. Blüten oder Herzen)

- 250 g Kakaobutter
- 250 g Sheabutter
- 40 g Milchpulver
- 10 g ätherisches Öl (z. B. eine Mischung aus Grapefruit und Zitrone)

→ Die Kakao- und die Sheabutter zusammen langsam und schonend im Wasserbad schmelzen. Dann vom Herd nehmen und das Milchpulver unter ständigem Rühren einrieseln lassen.

→ Kühl rühren, dann das gewählte Duftöl hinzufügen, wieder gut verrühren.

→ Die Masse in die Silikonformen gießen und im Kühlschrank aushärten lassen.

→ Erst nach dem völligen Aushärten vorsichtig aus den Formen lösen.

TIPPS

- **Auf Wunsch kann die Duschbutter vor dem Beduften mit Seifenfarbe zart eingefärbt werden.**
- **Die Reinigungswirkung der Duschbutter ist eher schwach ausgeprägt, dafür pflegt sie die Haut besonders reichhaltig. Sie kann auch nach dem Duschen, z. B. auf der feuchten Haut, wie eine Bodybutter verwendet werden.**

Melissen-
Johanniskraut-
öl

Besänftigendes Melissen-Johanniskraut-Öl

Für etwa 20 Flaschen à 100 ml

- 100 g frisches Johanniskraut (Blüten geöffnet und verblüht, Knospen und junge Blättchen)
- 50 g getrocknete Melisse
- 2 l Mandelöl

→ Die frischen und getrockneten Kräuter in ein großes, verschließbares Glas füllen und etwas andrücken.

→ Mit dem Mandelöl übergießen und zunächst 3–5 Tage nur abgedeckt ziehen lassen, nicht verschließen.

→ Täglich vorsichtig bewegen, damit alle Auszugskräuter stets vom Öl bedeckt sind.

→ Dann den Behälter verschließen und das Öl etwa 3–4 Wochen ausziehen lassen, bis es eine rote Färbung annimmt. Während dieser Zeit weiterhin täglich schwenken. Falls sich oben eine wässrige Schicht gebildet hat, diese vorsichtig abgießen.

→ Das Öl abseihen und in die Flaschen füllen.

TIPPS

- **In der Volksheilkunde hat sich das Johanniskrautöl bei Wunden, Schürfungen, Insektenstichen und Sonnenbrand bewährt.**
- **Auch soll es bei Muskelverspannungen, Zerrungen, Prellungen und rheumatischen Beschwerden helfen.**

Wohltuendes Birkenknospen-Arnika-Pflegeöl

Für etwa 20 Flaschen à 100 ml

- 50 g frische Birkenknospen
- 50 g getrocknete Arnikablüten
- 2 l Mandel- oder Olivenöl

→ Die frischen und getrockneten Kräuter in ein großes, verschließbares Glas füllen und etwas andrücken.

→ Mit dem Mandel- oder Olivenöl übergießen, dann den Behälter verschließen und das Öl etwa 3–4 Wochen ausziehen lassen. Während dieser Zeit täglich den Behälter schwenken, damit alle Kräuter stets vom Öl bedeckt sind.

→ Dann das Öl abseihen und in die Flaschen füllen.

Pflegewirkung

Dieses Öl wirkt pflegend bei trockener Haut und wird in der Naturheilkunde als lindernd bei schmerzenden Gelenken beschrieben.

Lockerndes Löwenzahn-Massageöl

Für etwa 20 Flaschen à 100 ml

80–100 g getrocknete Löwenzahnblüten

2 l Sesam- oder Sojaöl

-> Die getrockneten Löwenzahnblüten in ein großes, verschließbares Glas füllen und etwas andrücken.

-> Mit dem Sesam- oder Sojaöl übergießen, dann den Behälter verschließen und das Öl etwa 3–4 Wochen ausziehen lassen. Während dieser Zeit täglich den Behälter schwenken, damit alle Kräuter stets vom Öl bedeckt sind.

-> Dann das Öl abseihen und in die Flaschen füllen.

TIPPS

- **Das Löwenzahnblütenöl soll bei Gelenkschmerzen und Verspannungen helfen.**
- **Es wird in der Volksheilkunde zur Bauchmassage bei Übelkeit und Magen-Darm-Beschwerden sowie auch gegen Sommersprossen und Pigmentflecken eingesetzt.**

Wärmendes Beifußöl

Für etwa 20 Flaschen à 100 ml

100 g Beifußblättchen (vor der Blüte gesammelt)

2 l Sonnenblumen- oder Mandelöl

-> Die Beifußblättchen in ein großes, verschließbares Glas füllen und etwas andrücken.

-> Mit dem Sonnenblumen- oder Mandelöl übergießen, dann den Behälter verschließen und das Öl etwa 3–4 Wochen ausziehen lassen. Während dieser Zeit täglich den Behälter schwenken, damit alle Kräuter stets vom Öl bedeckt sind.

-> Dann das Öl abseihen und in die Flaschen füllen.

TIPPS

- **Das Beifußöl wirkt wärmend und entspannend, wenn damit die Füße nach einer langen Wanderung oder nach langen Stehzeiten massiert werden.**
- **Eine Beifußöl-Bauchmassage soll gemäß der Volksheilkunde lindernd bei Magenbeschwerden, aber auch bei Menstruationsbeschwerden wirken.**

Erkältungsöl

Linderndes Erkältungsöl

Für etwa 20 Flaschen à 100 ml

100 g bei Erkältungskrankheiten geschätzte getrocknete Heilkräuter (z. B. Thymian, Quendel, Spitzwegerich, Salbei, Schlüsselblume)

2 l Sonnenblumen- oder Mandelöl

→ Die getrockneten Kräuter in ein großes, verschließbares Glas füllen und etwas andrücken.

→ Mit dem Sonnenblumen- oder Mandelöl übergießen, dann den Behälter verschließen und das Öl etwa 3–4 Wochen ausziehen lassen. Während dieser Zeit täglich den Behälter schwenken, damit alle Kräuter stets vom Öl bedeckt sind.

→ Dann das Öl abseihen und in die Flaschen füllen.

TIPPS

- **Dieses Öl ist zum Einmassieren der Brust und des Rückens bei Erkältungskrankheiten wie z. B. Husten geeignet.**
- **Für ein Erkältungsbad können etwa 3–5 EL dieses Öls mit 1 Tasse Milch oder Sahne verrührt und dann ins Wasser gegeben werden. Dabei das Badewasser nicht zu heiß temperieren. Die Badezeit sollte 15–20 Minuten nicht überschreiten.**

Lavendel-Salbei-Deo

Für 20 Flaschen mit Sprühkopf à 100 ml

1,9 l Hamameliswasser

400 Tropfen ätherisches Lavendelöl

200 Tropfen ätherisches Salbeiöl

→ Das Hamameliswasser in eine große Flasche füllen.

→ Das ätherische Öl hineintropfen, die Flasche gut verschließen und den Inhalt gut verschütteln.

→ Dann das Deodorant in die Flaschen füllen.

Ätherische Öle als „Bakterienkiller“

Das Lavendel-Salbei-Deo und das fruchtige Salbei-Deo (Seite 113) wirken nicht schweißvermindernd wie ein Antiperspirant. Durch die enthaltenen ätherischen Öle haben sie eine antibakterielle Wirkung und reduzieren geruchsbildende Bakterien.

Salbei
Salbei-Deo

Fruchtiges Salbei-Deo

Für 20 Flaschen mit Sprühkopf à 100 ml

- 950 ml Orangenblütenwasser
- 950 ml geruchsneutraler Alkohol (etwa 40–45 % Alkoholgehalt)
- 200 Tropfen ätherisches Grapefruitöl
- 200 Tropfen ätherisches Salbeiöl
- 120 Tropfen ätherisches Lemongrasöl

→ Das Orangenblütenwasser und den Alkohol in eine große Flasche füllen.

→ Die ätherischen Öle hineintropfen, die Flasche gut verschließen und den Inhalt gut verschütteln.

→ Dann das Deodorant in die Flaschen füllen.

Lavendel-Körperpuder

Für 20 Gefäße mit großer Öffnung à etwa 75–100 ml

- 400 ml Kaolinpulver
- 400 ml Pfeilwurzelmehl
- 400 ml Talkum
- 100 ml Maisstärke
- 40 Tropfen ätherisches Lavendelöl
- 40 Tropfen ätherisches Rosengeranienöl

→ Das Kaolinpulver mit dem Pfeilwurzelmehl und dem Talkum in einer großen Schüssel vermischen.

→ Die Maisstärke in eine große Schüssel mit Deckel geben. Die ätherischen Öle darauf träufeln. Den Deckel schließen und die Masse nun gründlich schütteln, um die Stärke gut mit dem ätherischen Öl zu durchtränken.

→ Nun die zuerst hergestellte Pudermischung hinzufügen und erneut gründlich schütteln, damit sich alle Komponenten gut vermischen.

→ Dann das Körperpuder in die Gefäße abfüllen.

TIPPS

- **Körperpuder ist ideal für die Hautpflege in der heißen Jahreszeit. Der angenehme Effekt: Es saugt nicht nur die überschüssige Flüssigkeit (Schweiß) auf und hält die Haut damit trockener, sondern entfaltet auch eine leicht kühlende Wirkung.**
- **Anwendung: Sparsam insbesondere auf Hautpartien auftragen, an denen leicht Haut gegen Haut reiben kann (Innenseite der Oberschenkel, Kniekehlen, Achseln und unter der Brust).**

Körperpuder

Fruchtiges Körperpuder

Für 20 Gefäße mit großer Öffnung à etwa 75–100 ml

- 400 ml Kaolinpulver
- 400 ml Pfeilwurzelmehl
- 400 ml Talkum
- 100 ml Maisstärke
- 60 Tropfen ätherisches Orangenöl
- 40 Tropfen ätherisches Neroliöl

→ Das Kaolinpulver mit dem Pfeilwurzelmehl und dem Talkum in einer großen Schüssel vermischen.

→ Die Maisstärke in eine große Schüssel mit Deckel geben. Die ätherischen Öle darauf träufeln. Den Deckel schließen und die Masse nun gründlich schütteln, um die Stärke gut mit dem ätherischen Öl zu durchtränken.

→ Nun die zuerst hergestellte Pudermischung hinzufügen und erneut gründlich schütteln, damit sich alle Komponenten gut vermischen.

→ Dann das Körperpuder in die Gefäße abfüllen.

Lavendel-Salbei-Fußpuder

Für 20 Gefäße mit großer Öffnung à etwa 75–100 ml

- 400 ml Kaolinpulver
- 400 ml Pfeilwurzelmehl
- 400 ml Talkum
- 100 ml Maisstärke
- 40 Tropfen ätherisches Lavendelöl
- 20 Tropfen ätherisches Zitronenöl
- 30 Tropfen ätherisches Salbeiöl

→ Das Kaolinpulver mit dem Pfeilwurzelmehl und dem Talkum in einer großen Schüssel vermischen.

→ Die Maisstärke in eine große Schüssel mit Deckel geben. Die ätherischen Öle darauf träufeln. Den Deckel schließen und die Masse nun gründlich schütteln, um die Stärke gut mit dem ätherischen Öl zu durchtränken.

→ Nun die zuerst hergestellte Pudermischung hinzufügen und erneut gründlich schütteln, damit sich alle Komponenten gut vermischen.

→ Dann das Fußpuder in die Gefäße abfüllen.

TIPP

- **Fußpuder ist ideal zur Pflege der Füße in der heißen Jahreszeit.**
- **Der angenehme Effekt: Es saugt nicht nur die überschüssige Flüssigkeit (Schweiß) auf und hält die Haut damit trockener, sondern entfaltet auch eine leicht kühlende Wirkung.**
- **Anwendung: Sparsam auf die Füße, insbesondere auch zwischen den Zehen, auftragen.**

Blüten-Tagescreme

Für 10 Glas- oder Kunststofftiegel mit Deckel à 50 ml

- 150 g Mandelöl
- 30 g Emulsan (Emulgator)
- 30 g Kakaobutter
- ½ TL Xanthan (Verdicker)
- 250 g Rosenwasser (Rosenblütenhydrolat)
- 50 g Rosentinktur (70 %iger Auszug aus Rosenblüten und hochprozentigem Alkohol, Auszugszeit 4 Wochen)
- eventuell 40–50 Tropfen ätherisches Rosenöl oder ätherisches Palmarosaöl

→ Das Mandelöl zusammen mit dem Emulsan im Wasserbad schmelzen und auf 70 °C erwärmen, dabei ständig rühren.

→ Vom Herd nehmen, in der Restwärme die Kakaobutter schmelzen lassen und alles gut verrühren.

→ Das Xanthan zufügen und wieder gut verrühren. Leicht abkühlen lassen.

→ Nun das Rosenwasser mit der Rosentinktur in einem separaten Glas im Wasserbad auf etwa 70 °C erwärmen.

→ Die Wasserphase aus dem Wasserbad nehmen, etwas abkühlen lassen und dann langsam in sanftem Strahl unter Rühren unter die Fettphase mischen. Idealerweise haben die Fett- und die Wasserphase jetzt annähernd die gleiche Temperatur.

→ Weiterrühren, bis die Creme etwas abgekühlt ist.

→ Nach Wunsch das ätherische Öl unterrühren und die Crememasse in die sauberen Cremetiegel abfüllen.

→ Die Cremetöpfchen erst nach dem vollständigen Abkühlen verschließen.

Blüten-Nachtcreme

Für 10 Glas- oder Kunststofftiegel mit Deckel à 50 ml

- 20 g Bienenwachs
- 70 g Lanolin (Emulgator und Konsistenzgeber)
- 200 g Jojobaöl
- 20 g Kakaobutter
- 230 g Rosenwasser (Rosenhydrolat)
- 40 g Rosentinktur (70 %iger Auszug aus Rosenblüten und hochprozentigem Alkohol, Auszugszeit 4 Wochen)
- eventuell 30–40 Tropfen ätherisches Rosenöl oder ätherisches Tonkaöl

→ Das Bienenwachs zusammen mit dem Lanolin im Wasserbad schmelzen, auf etwa 70 °C erwärmen und dann das Jojobaöl zugeben. Alles gut verrühren.

→ Vom Herd nehmen, in der Restwärme die Kakaobutter schmelzen lassen und alles gut verrühren.

→ Nun das Rosenwasser mit der Rosentinktur in einem separaten Glas im Wasserbad auf etwa 70 °C erwärmen.

→ Die Wasserphase aus dem Wasserbad nehmen, etwas abkühlen lassen und dann langsam in sanftem Strahl unter Rühren unter die Fettphase mischen. Idealerweise haben die Fett- und die Wasserphase jetzt annähernd die gleiche Temperatur.

→ Weiterrühren, bis die Creme etwas abgekühlt ist.

→ Nach Wunsch das ätherische Öl unterrühren und die Crememasse in die sauberen Cremetiegel abfüllen.

→ Die Cremetöpfchen erst nach dem vollständigen Abkühlen verschließen.

Auf Hygiene achten

Je sauberer bei der Cremeherstellung gearbeitet wird, je länger hält die Creme. Möglichst alle benötigten Utensilien mit hochprozentigem Alkohol abreiben. Die Produkte anschließend kühl und dunkel lagern. Die Haltbarkeit ist trotzdem sehr beschränkt, da konservierende Eigenschaften nur durch die Rosentinktur erreicht werden können.

Anti-Aging-Hautpflegeöl

Für 20 möglichst dunkle Glasflaschen à 50 ml mit Tropfvorrichtung

800 ml Mandelöl

80 ml Aprikosenkernöl

80 ml Granatapfelsamenöl

-> Das Mandelöl in eine große Flasche füllen.

-> Das Aprikosenkern- und das Granatapfelkernöl hinzugeben und alles gut verschütteln.

-> Dann in die Glasflaschen füllen und kühl aufbewahren.

TIPPS

- **In dunklen Glasflaschen sind die hochwertigen Pflanzenöle besser vor Lichteinfall geschützt. Kühle Aufbewahrung verlängert die Haltbarkeit.**
- **Statt Granatapfelkernöl kann auch Hanföl verwendet werden.**
- **Dieses Hautpflegeöl ist besonders für reife und vorzeitig gealterte Gesichtshaut geeignet.**

Hautpflegeöl für trockene Haut

Für 20 möglichst dunkle Glasflaschen à 50 ml mit Tropfvorrichtung

800 ml Mandelöl

80 ml Johanniskrautöl

100 Tropfen Sanddorn-Öl

-> Das Mandelöl in eine große Flasche füllen.

-> Das Johanniskrautöl und das Sanddornöl hinzugeben und alles gut verschütteln.

-> Dann in die Glasflaschen füllen und kühl aufbewahren.

TIPP

Dieses Hautpflegeöl ist besonders für trockene und reife Gesichtshaut geeignet.

Wohltuende Lavendel-Lippenpflege

Für 20 kleine Döschen aus Glas oder Kunststoff à 10 ml

- 140 g Aprikosenkernöl
- 20 Tropfen ätherisches Lavendelöl
- 40 g Bienenwachs
- 20 g Kakaobutter

→ In das Aprikosenkernöl das ätherische Lavendelöl geben und gut verrühren.

→ Das Bienenwachs im Wasserbad langsam schmelzen lassen.

→ Von der Herdplatte nehmen, in der Restwärme die Kakaobutter schmelzen lassen und gut verrühren.

→ Zuletzt die Mischung aus Aprikosenkernöl und Lavendelöl zugeben und wieder gut verrühren.

→ Die Masse gleichmäßig in die sauberen Döschen abfüllen. Erst nach dem vollständigen Abkühlen die Döschen verschließen.

TIPP

Je sauberer bei der Herstellung gearbeitet wird, desto länger hält die Lippenpflege.

Saisonkalender

Der Saisonkalender gibt den ungefähren Zeitraum an, in dem die Kräuter oder deren Bestandteile geerntet werden können. Wie Sie sich vorstellen können, ist am Rhein der Bärlauch zu einem anderen Zeitraum erntereif als in den Höhenlagen der Mittelgebirge. Bei einigen Kräutern ist es ratsam, das Kraut abzuschneiden, damit es nochmals neu austreiben kann. Beispiele hierfür sind Zitronenmelisse und Giersch.

Deutscher Name	Lateinischer Name	Wurzel	Blätter	Knospe	Blüte	Kraut	Frucht	Samen	Rinde
Arnika (z. T. unter Naturschutz)	*Arnica montana*				Juli/ August				
Bärlauch	*Allium ursinum*	ganzjährig	März bis Juni	April/Mai	April bis Juli			Mai bis Juli	
Bärwurz	*Meum athamanticum*	ganzjährig	März bis Oktober		Mai bis September	Mai bis September		Juli bis November	
Basilikum	*Ocimum basilicum*		ganzjährig		Juli bis September				
Beifuss	*Artemisia vulgaris*		April bis Oktober	Juni bis Sept	Juli bis Oktober	Juli bis Oktober			
Bibernelle	*Pimpinella major*	September bis April	April bis Oktober		Juni bis Oktober				
Birke	*Betula pendula*		April bis August						März bis Mai
Borretsch	*Borago officinalis*		Mai bis Oktober		Mai bis September				
Brennnessel	*Urtica dioica*		März bis Oktober		Juni bis September			August bis Oktober	
Brombeere	*Rubus fruticosus*		März bis August		Juni bis August		Juni bis Oktober		
Dill	*Anethum graveolens*					Mai bis Oktober		Ende August/ Anfang September	
Erdbeere	*Fragaria*	ganzjährig	März bis Juni		April bis Juni		Mai bis August		
Estragon	*Artemisia dracunculus*		Mai bis Juli	Juli					

Deutscher Name	Lateinischer Name	Wurzel	Blätter	Knospe	Blüte	Kraut	Frucht	Samen	Rinde
Fenchel	*Foeniculum vulgare*				Juli/August		Frühherbst	September/Oktober	
Flieder	*Syringa*				April/Mai				
Gänseblümchen	*Bellis perennis*		ganzjährig		ganzjährig			ganzjährig	
Gänsefingerkraut	*Potentilla anserina*		April bis September		Mai bis September				
Giersch	*Aegopodium podagraria*		März bis September		Mai bis September			Juli bis Oktober	
Gundermann	*Glechoma hederacea*		März bis Oktober		April bis Juni				
Herzgespann	*Leonurus cardiaca*					Juni bis September			
Hibiskus	*Hibiscus sabdariffa*				Juli bis September				
Himbeere	*Rubus idaeus*		April bis August		Mai bis August		Juli bis Oktober		
Holunder, schwarzer	*Sambucus nigra*		April bis Juli		Mai bis Juli		September/Oktober	März bis Mai	
Hopfen	*Humulus lupulus*		April bis August		Juli/August			August/September	
Johanniskraut	*Hypericum perforatum*				Juni bis September	Mai bis Oktober			
Kamille	*Matricaria recutita*		April bis Juli		Mai bis Oktober				
Kerbel	*Anthriscus cerefolium*				März bis August				
Knoblauchrauke	*Allaria petiolata*	Oktober bis April	März bis Juli		Mitte April bis Juli			Mitte Juni bis September	
Königskerze, Große	*Verbascum densiflorum*		April bis Juni		Juni bis September				
Kornblume	*Centaurea cyanus*		April bis August		Juni bis September				
Kornelkirsche	*Cornus mas*		März bis Mai		Februar bis April		August/September		Februar bis Mai
Lavendel	*Lavendula officinalis*				Juli/August				

Deutscher Name	Lateinischer Name	Wurzel	Blätter	Knospe	Blüte	Kraut	Frucht	Samen	Rinde
Liebstöckel	*Levisticum officinale*	Frühjahr oder Herbst	Frühjahr					Spätsommer	
Linde	*Tilia cordata*		April bis August		Juni/Juli			Juli bis September	
Löwenzahn	*Taraxacum officinale*	ganzjährig	März bis September		März bis Juni				
Mädesüß	*Filipendula ulmaria*	September bis April	April bis September		Juni bis September	Juni bis September	August/September		
Mais	*Zea mays*				Juli bis September		Oktober		
Majoran	*Origanum majorana*					Juni bis Oktober			
Malve	*Malva sylvestris*		April bis Oktober		Mai bis September			August bis November	
Nelkenwurz	*Geum urbanum*	ganzjährig	März bis September		Mai bis Juli				
Orange	*Citrus sinensis*				Februar bis Juni		August bis Oktober		
Oregano (Echter Dost)	*Origanum vulgare*		April bis September		Juni bis September				
Petersilie	*Petroselinum crispum*	Herbst	Frühjahr bis Sommer					Juli bis Oktober	
Pfefferminz	*Mentha piperita*					Frühjahr bis Sommer			
Pimpinelle (Großer Wiesenknopf)	*Sanguisorba officinalis*	September bis April	April bis Oktober		Juni bis Oktober				
Quendel (Feld-Thymian)	*Thymus pulegioides*		April bis Oktober		Juni bis Oktober				
Ringelblume	*Calendula officinalis*				Juni bis Oktober				
Rose	*Rosa spec.*				Mai bis August		Herbst		
Rosmarin	*Rosmarinus officinalis*		ab April		April bis Juni				
Rosskastanie	*Aesculus hippocastanum*		März bis Oktober		Mai		August bis Oktober	September/Oktober	März bis Juni
Salbei	*Salvia officinalis*		Mai bis Oktober		ab Mai				

Deutscher Name	Lateinischer Name	Wurzel	Blätter	Knospe	Blüte	Kraut	Frucht	Samen	Rinde
Schafgarbe	*Achillea millefolium*		März bis Oktober		Mai bis Oktober				
Scharbockskraut	*Ranunculus ficaria*	Mai/Juni	März/ April vor Blüte		April				
Schlüsselblume	*Primula veris*	September bis März	März/ April		April/Mai				
Spitzwegerich	*Plantago lanceolata*		März bis November	April/Mai	Mai bis Oktober			Juni bis November	
Springkraut, indisches	*Impatiens glandulifera*				Mai bis Oktober			August bis Oktober	
Taubnessel, Gefleckte	*Lamium maculatum*		März bis Oktober		April bis September				
Taubnessel, Weiße	*Lamium album*		März bis Oktober		April bis September				
Taubnessel, Gelbe (Goldnessel)	*Lamium galeobdolon*		März bis August		April bis Juli				
Thymian	*Thymus vulgaris*		ganzjährig		Juni bis Oktober	Mai bis Oktober			
Veilchen, wohlriechendes	*Viola odorata*		März/ April		März/ April				
Waldmeister	*Galium odoratum*	ganzjährig	März bis Juni		April bis Juni				
Walnuss	*Juglans regia*		Mai bis Oktober						Juni oder September / Oktober
Weißdorn	*Crataegus spec.*		April bis Juli		Mai/Juni		August bis Oktober		März bis Mai
Wermut	*Artemisia absinthium*		Juni bis August			Juni bis August			
Wiesenbärenklau	*Heracleum sphondylium*	Oktober bis April	April bis November	Mai	Mai bis Oktober			Juli bis November	
Zitronenmelisse	*Melissa officinalis*		April bis Oktober		Juni bis Oktober				
Zitronenthymian	*Thymus citriodorus*				Juni bis September	ab Mai			
Zitronenverbene	*Aloysia citrodora*				Juli bis September	ganzjährig			

Zum Weiterlesen

BUCHTIPPS ZU KRÄUTERN

Amann, Gottfried: Bäume und Sträucher des Waldes, Neumann-Neudamm Verlag, 1976

Apotheker M. Pahlow: Das große Buch der Heilpflanzen, Nikol Verlag, 2003

Becker, Peter/Wilhelmi, Claudia: Die Wildkräuter-Werkstatt, Bloom's GmbH, 2017

Beiser, Rudi: Vermarktung von Kräuterprodukten, Eugen Ulmer Verlag, 2018

Bühring, Ursel: Praxis-Lehrbuch der modernen Heilpflanzenkunde, Haug Verlag, 2011

Fischer-Rizzi, Susanne: Blätter von Bäumen, AT Verlag, 2007

Fleischhauer, Steffen Guido/Guthmann, Jürgen/Spiegelberger, Roland: Enzyklopädie Essbare Wildpflanzen, AT Verlag, 2013

Klemme, Brigitte/Holtermann, Dirk: Delikatessen am Waldesrand, Mädler Verlag 2005

Klemme, Brigitte/Holtermann, Dirk: Delikatessen am Wegesrand, Mädler Verlag 2013

Klemme, Brigitte/Holtermann, Dirk: Delikatessen am Wiesenrand, Mädler Verlag 2016

Laux, Hans E.: Wildbeeren und Wildfrüchte, Franckh Kosmos Verlag 1986

Lüder, Rita und Frank: Wildpflanzen zum Genießen, kreativpinsel, 2011

Neuhold, Manfred: Tee aus heimischen Kräutern und Früchten, Leopold Stocker Verlag, 2010

Strauß, Markus: Die 12 wichtigsten essbaren Wildpflanzen, Hädecke Verlag, 2017

Strauß, Markus: Köstliches von Waldbäumen, Hädecke Verlag, 2017

Stumpf, Ursula: Heilpflanzen und ihre giftigen Doppelgänger, Franckh Kosmos Verlag, 2014

Stumpf, Ursula: Unsere Heilkräuter bestimmen und anwenden, Franckh Kosmos Verlag, 2016

BUCHTIPPS ZU KOSMETIK

Braunschweig, Ruth von: Pflanzenöle, Stadelmann Verlag, 2016

Bräutigam, Brigitte: Lexikon der kosmetischen Rohstoffe, Books on demand, 2010

Dambacher, Elfriede: Naturkosmetik, Herbig Verlag, 2015

Davis, Patricia: Aromatherapie von A–Z, Goldmann Verlag, 2008

Ellsässer, Sabine: Körperpflegekunde und Kosmetik, Springer Verlag, 2008

Kettenring, Maria M.: Ätherische Öle, Irisiana Verlag, 2013

Whitton, Shirley: Ätherische Öle & Essenzen, Koenemann Verlag, 1997

INTERNETSEITEN

www.bmel.de/DE/Ernaehrung/Kennzeichnung/_Texte/DossierKennzeichnung.html?docId=431912

www.bvl.bund.de/DE/03_Verbraucherprodukte/02_Verbraucher/03_Kosmetik/02_KennzeichnungKosmetik/bgs_kosmetik_kennzeichnung_node.html

www.demeter.de/sites/default/files/richtlinien/demeter_erzeuger_merkblatt_naehrwertangaben.pdf

www.heilkraeuter.de/lexikon/

www.heilpflanzenschule.de

www.hk24.de/produktmarken/beratung-service/recht_und_steuern/wirtschaftsrecht/gewerberecht/lebensmittelrecht/1156820#titleInText2

www.ikw.org/schoenheitspflege/

www.kraeuter-regio.de

www.kräuterpädagogen-baden-württemberg.de

Die Autorinnen

PETRA REHM-HUG: SCHWARZWALD HAUTNAH!

Der Liebe wegen zog es Petra Rehm-Hug in den Schwarzwald. Dort wurde ihr Interesse für Kräuter geweckt. Experimentierfreudig wie sie ist, wurde Altbekanntes mit Neuem kombiniert. Sie entdeckte, dass Himbeermarmelade mit Minze besonders lecker schmeckt und der selbstgemachte Senf mit Giersch zum „Unkraut-Vernichtungsmittel“ wird.

Nach einem kurzen Abstecher in die spannende Welt der Phytotherapie ging es weiter auf dem Weg zur Kräuterpädagogin. Essbare Wildkräuter, das ist seither ihr Steckenpferd. Seit über zehn Jahren bedient sie sich mit viel Kreativität am reich gedeckten Tisch der Natur und veredelt Wildkräuter zu Spezialitäten. Sie nimmt Interessierte mit Charme und Esprit auf Kräuterführungen, Koch-Workshops und Kräuterkurse in eine Auszeit vom Alltag mit.

www.wildundregional.de

MARINA WESTERMANN: BEGEISTERUNG FÜR PFLANZEN UND NATUR

Ausgehend von ihrer Vorliebe für genussvolles Essen mit den Aromaschätzen der Natur befasste sich Marina Westermann intensiv mit den verschiedensten Kräutern. Außerdem faszinierte sie die den Pflanzen innewohnende Kraft, die schon frühere Generationen zur Linderung von Beschwerden sowie zu Heilzwecken nutzten. Um tiefer in die Geheimnisse der Natur einzudringen, absolvierte sie die Ausbildungen zur Heilpflanzenexpertin und zur Kräuterpädagogin.

Ein weiterer Aspekt spielt bei Pflanzen für sie eine große Rolle: Die Betrachtung der Inhaltsstoffe und deren Wirkungsweise auf die Haut. Dieses Interesse resultiert aus ihrer Berufsausbildung zur Kosmetikerin.

Marina Westermann bietet an ihrem Standort in Bischweier naturkosmetische Wohlfühlbehandlungen an und gibt ihr umfangreiches Wissen über Heil- und (Un-)kräuter in Vorträgen, Workshops und Führungen weiter.

www.natur-wohlfuehlzeit.de

Schnell nachgeschlagen

BILDQUELLEN

Alle Fotos und das Titelfoto stammen von Patrycja Kornek. Das Porträtfoto auf Seite 125 (rechts) stammt von Beatrix Krone.

Die in diesem Buch enthaltenen Empfehlungen und Angaben sind von den Autoren mit größter Sorgfalt zusammengestellt und geprüft worden. Eine Garantie für die Richtigkeit der Angaben kann aber nicht gegeben werden. Autoren und Verlag übernehmen keine Haftung für Schäden und Unfälle. Bitte setzen Sie bei der Anwendung der in diesem Buch enthaltenen Empfehlungen Ihr persönliches Urteilsvermögen ein.
Der Verlag Eugen Ulmer ist nicht verantwortlich für die Inhalte der im Buch genannten Websites.

Bibliografische Information der Deutschen Nationalbibliothek
Die Deutsche Nationalbibliothek verzeichnet diese Publikation in der Deutschen Nationalbibliografie; detaillierte bibliografische Daten sind im Internet über http://dnb.d-nb.de abrufbar.

Wollgrasweg 41, 70599 Stuttgart (Hohenheim)
E-Mail: info@ulmer.de
Internet: www.ulmer.de
Lektorat: Lisa Seibel, Claudia Boss-Teichmann
Herstellung: Isabell Scherrieble
Umschlag-Gestaltung: Atelier Reichert, Stuttgart
Satz: Atelier Reichert, Stuttgart
Druck und Bindung: Firmengruppe APPL, aprinta Druck, Wemding
Printed in Germany

ISBN 978-3-8186-0655-8

Bauerngarten- und Wildkräuterland Baden e.V.
kraeuter-regio.de

Das Netzwerk ***Bauerngarten- und Wildkräuterland Baden e.V.*** *ist ein Zusammenschluss von Kräuterpädagogen, Bauerngärtnerinnen, Phytotherapeuten, Naturpädagogen, Natur- und Gästeführern sowie weiteren Natur- und Pflanzeninteressierten.*
In dem 2009 gegründeten Verein fließen altes und neues Pflanzenwissen, jahrelange Erfahrungen und vielseitige Fachkompetenz zu einem großen Wissensfundus zusammen.

Der Verein und seine Mitglieder bieten an:

- Wildkräuterexkursionen
- Heilpflanzenseminare
- Fachvorträge
- Mehrtägige Kräuter- und Gartenkurse
- Organisation von Bauerngarten-Exkursionen für Gruppen und Vereine
- Kräuter- und Teegenüsse besonderer Art und Qualität

Besondere Veranstaltungen:

- Tag des offenen Bauerngartens im Juli der geraden Jahre
- Vertretung auf Naturpark-Märkten
- Badischer Kräutertag im Naturpark im Frühsommer der ungeraden Jahre

Informationen unter **www.kraeuter-regio.de**